Mario Mandrelli

GALATEO

Ovvero:
l'arte di comportarsi evitando
inutili imbarazzi e comunicare positivo

DEMETRA

Realizzazione a cura di
EBLA Studio Editoriale (Vr)

Illustrazioni
Luigi Aldegheri

Progetto grafico
Monica Priante

A mia moglie

GALATEO
1ª edizione ottobre 2000

Via Strà, 167 - S.S. 11
37030 Colognola ai Colli (VR)
Tel. 045 6174111 - fax 045 6174100

SOMMARIO

INTRODUZIONE DELL'AUTORE

Giunto a età avanzata, ancorché non veneranda, per confermare chi scrisse "Invecchiando si diventa più pazzi o più savi" mi son costretto a una seria riflessione sul progressivo mutare dei costumi e delle usanze, che par si faccia più rapido e convulso all'apparire del terzo millennio.

Il costante, magnifico e progressivo ingentilirsi dei modi è lodevole tratto di questi pacifici tempi e, poiché io, siccome educato in diversa, più rozza età, sovente mi son trovato confuso per ignoranza del Novello Galateo e, senza darlo a vedere, ho fatto più volte ammenda ed emenda, mi è parsa cosa utile ai più codificare e commentare, piacevolmente ragionando con me stesso, alcune principalissime regole della Buona Educazione, senza peraltro aver la pretesa di esaurire la subietta materia ove altri son maestri.

Troverà il Cortese Lettore che ho tratto godimento, all'occasione, dal citare aneddoti, chiamare a prova esempi preclari, ripetere, a mio conforto, massime e versi d'illustri Autori. Non ho chiosato, tuttavia, con alcun apparato di note, poiché mi è sembrata da un canto esser presunzione assumere l'ignoranza di chi legge, dall'altro, utile e divertente cosa – come si suole fare nei giochi d'enigmistica – lasciare al Lettore il gusto, se vuole, della ricerca della fonte. Ad analogo gioco indulse perfino quel sublime, monomaniaco Lauropoieta che c'insegnò a scrivere italiano (v. la canzone "Homo me, ch'i' non so in qual posto preghi").

Quanto alla materia di questo non aureo libello, è mia conclusiva certezza che, in tempi leggiadri quali i presenti, la Buona Educazione e il Bell'Apparire siano il nerbo del vivere sociale, essendo ormai negletti e obsoleti familiarità, lealtà, amicizia e rispetto. Voglio dire che, ciò che un tempo pretendevasi dai più quale spontanea o imposta disposizione d'animo nel trattare con altri, è utilmente sostituito – e forse più efficacemente – dall'obbligo del tratto formale, che è implicita accettazione delle regole di reciproca sopportazione e, a ben vedere, esercizio della sublime fra tutte le Virtù: la Tolleranza.

Troppe volte ho constatato che a manifesti segni di maleducazione corrispondono personalità effettivamente rozze, inaffidabili, prevaricatrici, incolte malgrado una o più lauree, e pericolose, in atto quanto in potenza, per la società e per chiunque con loro abbia a che fare.

Per chi inclini a meno speculativi e più utilitaristici ragionamenti, dirò che la complessità e la forsennata molteplicità dei rapporti sociali cui ci astringono l'incremento demografico e il progresso tecnico del giorno d'oggi, sono tollerabili solo a condizione che siano assunte e rispettate regole formali nei comportamenti quotidiani. Senza di queste, è la guerra di tutti contro tutti, come accade nella circolazione stradale di un gran centro metropolitano nelle ore di punta. Persone che farebbero mille cerimonie e querimonie per dare la precedenza ad altri davanti a una porta, qui si muovono senza alcun ritegno e senza considerazione delle esigenze altrui, creando il caos e facendo risorgere in ogni uomo l'invidioso, primigenio Caino, (del che, stranamente, poco si curano i Preti).
Se si applicassero le più ovvie regole della buon'educazione alla circolazione stradale, molti gravi problemi di traffico sarebbero automaticamente risolti. Si potrebbe anche sostenere – e ciò lascio agli specialisti di filosofia morale e d'epistemologia applicata – che la gentilezza dei modi sia, in realtà, pura sostanza, un medium *che plasma le personalità e le coscienze, una filosofia che impone un'equilibrata, rispettosa* Weltanschauung, *una naturale predisposizione alla tolleranza, al rispetto verso tutti: l'esigenza di capire quanto, negli altri, ci sembra estraneo (*homo sum: humani nihil a me alienum puto*) e, nello stesso tempo, una manifesta dignità di comportamenti e un presupposto rispetto per noi stessi.*
Mi è parso inoltre che tutti i trattati e manuali antichi e moderni che si suole indicare genericamente come "Galatei" presentassero alcune singolari lacune che era opportuno colmare. Insegnano quelli come ci si deve comportare, parlare, vestire, mangiare, conversare, salutare ecc., vale a dire i modi formali dell'atteggiarsi a fronte delle quotidiane circostanze della vita, e, tuttavia, nulla dicono su un aspetto essenziale della vita stessa al quale nessuno può sottrarsi: quali regole di comportamento si devono adottare quando si è soli con se medesimi? E, all'interno dell'autodisciplina fine a se stessa, a quali norme attenersi quando, naturalissimo evento (… omnes eodem cogimur… *), si muore? È veramente curioso che il Galateo disponga solo in ragione delle relazioni sociali, ovvero del come apparire agli altri nelle varie circostanze che ci palesano, appunto, all'osservazione altrui e, sebbene*

esso sia inteso a creare persone "gentili", vale a dire esseri dotati di una particolare qualità dell'animo, non si curi del comportamento delle stesse quando nessuno le osserva. Se ne dovrebbe dedurre con amarezza che le "buone maniere" sono soltanto una patina, una vernice, una maschera da indossare per apparire e non una qualità dell'individuo. Di qui, la necessità d'illustrare e stabilire le regole di condotta della persona gentile quando è sola con se stessa.

Quanto al morire, prescisso il caso di morti traumatiche e di quelle felicemente improvvise ("... La miglior morte? Quella che giunge inaspettata...", sentenziava Cesare agli amici), si sa che il "morire" non è la questione dell'ultimo attimo, ma una complessa procedura che include degenze e agonie, anche di notevole durata, che un tempo servivano all'uomo per riassumere la propria vita, prepararsi ad abbandonarla per il Nulla o per la Vita Futura, secondo le preferenze, per salutare amici e parenti, per disporre delle proprie cose, poche o tante che fossero, per assumere atteggiamenti e pronunciare parole conclusive: ultime battute dell'ultima scena dell'ultimo atto della lunga commedia della vita.

"Ho recitato bene la mia parte?" chiedeva l'Augusto nell'atto di accomiatarsi dai suoi non cari familiari.

Perché dunque, se tanto si è scritto per il vivere quotidiano, non si dovrebbero cercare le regole del bel morire? Tanto più che: "... 'nanzi al dì de l'ultima partita / huomo beato chiamar non si conviene".

Per rispondere a tale bisogno avrei voluto elaborare un'apposita sezione in questo libello, ma la faccenda è di tal momento e coinvolge tali e tanti aspetti (si pensi alle esigenze della medicina sociale, all'accanimento terapeutico, agli spesso debilitanti farmaci palliativi, alla ghettizzazione ospedaliera dei morituri, al rifiuto della morte che caratterizza questa società), che ho dovuto rinunciarvi, anche perché a siffatto argomento mal si adatta il tono scherzoso di questo novello Galateo.

Debbo ancora avvertire: la persona che assumerà modi gentili, secondo l'insegnamento qui riportato, non sarà mai biasimata per l'inosservanza occasionale di questa o quella regola. Il Gentiluomo resta tale anche se tocca il pesce con il coltello sbagliato, o, distratto, non risponde al saluto, ovvero – horribile dictu! *– scambia il bicchiere deputato al*

vin bianco con quello del rosso. Anche nel commettere tali perdonabili errori il Vero Gentiluomo sarà da tutti ritenuto per tale, giacché la gentilezza non è maniera, ma forma dell'animo ben disposto, tollerante, indulgente, accattivante, discreto per se stesso.
Infine, se qualcuno crederà di riconoscersi o di riconoscere altri in qualche aneddoto esemplare di questo libro, sappia che spesso ho preso "me" a specchio per descrivere – e deridere con gran soddisfazione – difetti, incongruità, ignoranza e aggressività variamente mascherata, perché: "Deve consolarsi dei propri errori chi ha la forza di confessarli".
Quando da altri ho tratto materia, ho citato soltanto fatti di persone che, per qualche motivo, stimo, e delle quali valeva la pena di serbare il ricordo. Nessuno quindi abbia a dolersi: sorrida e si emendi!
A me sia consentito di ridere, amaramente, di me stesso e di tutti.

M.M.

DEI DONI, DONATIVI, REGALI E REGALIE

Teoria dei Doni

Non può far difetto all'educazione del Perfetto Gentiluomo la compiuta conoscenza dell'arte di donare, che è misura d'animo liberale ma anche, *ubi consistam*, di sociale convivere.

Già in epoca protostorica Omero dedicava buona parte della sua narrazione ai rituali d'offerta e alla problematica dei Doni. Si può anzi affermare che, senza la questione dei Doni, l'*Iliade* non sarebbe mai stata scritta: un Dono negato o mal sottratto è la causa della funesta ira del Pelìde come della follia suicida di Aiace Telamonio.

La richiesta di "Doni" era normalmente alla base delle assemblee popolari che i re micenei convocavano quando stavano sulle spese a cagione di guerre, nozze o delle temutissime "visite di Stato" (i tributi furono inventati più tardi).

Anche l'assemblea nella quale giganteggia il popolano Tersite, un autentico eroe fra tanti mascalzoni, è in qualche modo finalizzata al finanziamento della prosecuzione della guerra. È vero che Ulisse lo manda gambe all'aria con una gran manata, ma Tersite aveva più coraggio a parlare di fronte a quei brutti ceffi coperti di bronzo (v. le maschere funerarie micenee) di quanto ne occorresse – per pavoneggiarsi agitando scudi e lance sotto le mura di Troia – all'avido Agamennone, ad Achille la "checca" – che, a cagione di un Dono, inventò lo sciopero – a Ulisse, notoriamente conosciuto come un fior di furfante e truffatore, e a tutti i bellimbusti che ogni tanto, la domenica, si esibivano in qualche carosello sfidando Ettore "l'assassino" e altri pari loro. La guerra vera, nelle trincee e dietro muri e palizzate, la facevano i popolani senza nome che, coperti di stracci e pelli, e male armati, erano spronati ad assaltare le mura di Ilio da quei gran signori – prudentemente coperti di bronzo e protetti dagli Dei – che li avevano costretti a seguirli.

Sia gloria a Tersite che non ebbe paura di quell'Ulisse di cui un frammento d'ignoto, in un'inedita appendice dell'Antologia Palatina, traccia questo non lusinghiero ritratto:

Barca di morti conduce Nessuno,
Prodigo Seminator d'Amici.
Eburnee sorti nel cavo manto
Agita (Per sé l'ultima, e forse.)
Scuote ridendo la treccia Calipso
E, per scampato pericolo, invia
Congratulazioni a Nausicaa.

Non tedieremo il Lettore con dotte citazioni, ma non possiamo far a meno di ricordare che l'arte del donare, fin da quei tempi eroici, fu fonte cui si abbeverò la saggezza popolare, trovando espressione in guisa di proverbi (*«Timeo Danaos et dona ferentes...»*) che addensarono e distillarono gocce d'autentica sapienza non solo sperimentale («A caval donato non si guarda in bocca») fin quasi ai giorni nostri (v. il categorico motto del sifilitico Vate, con motivazioni etico-epidemiologiche: «Io ho quel che ho donato…»). Va tuttavia *de plano* che, nell'affrontare materia di tal momento, occorre teorizzare e distinguere le categorie che la compongono.

Dicesi "Dono" quel che gratuitamente, per Amore o Simpatia, si dà ad altri. È senso traslato indicare con tale termine le qualità (spesso immaginarie) di una persona (ha il dono della parola… ha il dono della grazia… ha il dono dell'intelligenza ecc.).

Dicesi, invece, "Regalo" quel che pure si dà ad altri, ma motivatamente. Ben definiva il "Regalo" Marziale: «*Qui praestat pietate pertinaci / sensuro bona liberalitatis / captet forsan aut vicem reposcat*».

Sarà perciò "regalato" l'inutile ninnolo che acquisteremo dal furbo mercante a prezzo notevolmente inferiore a quello inizialmente richiesto; diremo propriamente "Regalo" la cassetta di *champagne* acquistata ai Grandi Magazzini in offerta speciale, con la quale ci sdebitiamo di grazie ricevute da questa o quella persona, senza tuttavia dimenticare l'aurea massima: «La troppa fretta di sdebitarsi di un beneficio è una forma d'ingratitudine».

"Donativo" è invece una cosa data senza intrinseca motivazione, ma per obbligo: tale era il nome non compromettente delle grandi somme di danaro che gli Imperatori Romani versavano annualmente agl'irrequieti Barbari.

Regàlia, oggi "Regalìa" – di antico sapore feudale e mezzadrile – è, per finire, quel che si dà ad aggio dopo la conclusione di un qualche affare (è detta anche "tangente").

Sappia il Perfetto Gentiluomo, in ogni occasione, distinguere fra siffatte diverse forme del dare e comportarsi di conseguenza, estrapolando dalle regole che detteremo per i soli Doni e Regali quelle cui si atterrà, ove costretto e sottomesso ai Donativi e alle Regalie.

Del Dono

È proprio del donare non sentire alcuna immediata sofferenza nel privarsi di qualsivoglia cosa per darla ad altri: per le ragioni che diremo e che non devono mai contraddire l'antica massima: «… *stultum qui donet amico*», possiamo affermare che anzi, nell'immediato, il Donatore è come arricchito. **Poche cose danno maggior soddisfazione che sentirsi ammirato per propria liberalità**.

Gran godimento deriva dall'imbarazzo e dalla **condizione d'inferiorità nella quale inevitabilmente cade la persona che riceve**. Dovrà dunque il Gentiluomo Compito aver cura d'illustrare reiteratamente la preziosità del Dono e, nel porgere, far le grandi meraviglie per non essere il Donato già in possesso di quella tal cosa.

Poscia, volgendosi a ogni presente o sopraggiungente, racconterà del Dono fatto, chiamando a testimone il Donato che sarà esortato a mostrare agli altri la Cosa ricevuta.

In tempi successivi, anche a distanza d'anni, il Donante in visita alla casa del Donato cercherà ostentatamente il Dono, e, se la ricerca sarà negativa, dopo ripetuti segni d'insofferenza ne chiederà ragione con cipiglio, tessendo le lodi del Dono a fronte d'ogni presente, e commiserando lo sprovveduto Donato.

Costui, a sua volta, apprenda a comportarsi, vedendo in altrui Cosa desiderata.

Ponendo l'occhio avido sulla Cosa, ne tesserà prima un breve elogio e, quindi, se di poco volume, se ne impossesserà quasi scherzosamente; se trattasi d'oggetto di maggior dimensione, continuerà a tenerne discorso lasciando trasparire l'ansia di possederla, senza apertamente dichiararla. Ci si atterrà a quell'insegnamento antico:

«Sottil voglia vi poterìa mostrare / come "di quella" m'ha priso amore amaro, / ma ciò dire non voglio…».

Se il futuro Donante è un inferiore, o persona in ogni modo obbligata, colui che ambisce non tollererà che l'altro finga di non capire, e gli mostrerà freddezza dapprima, e quindi animosità, fin che spontanea-

mente il meschino non dia il desiato oggetto.
Sempre **il Donato si vanterà del Dono abilmente estorto**, tenendo per sciocco con altri il Donatore e, in ogni caso, deprezzerà la Cosa, lasciando intendere d'averla accettata per far beneficio a quegli.

Non possiamo dare alcuna regola quanto al valore, poiché il Dono ha essenzialmente una valenza edonistica e può non aver corrispettivo pecuniario alcuno. Si pensi al dono di un sorriso, di un bacio, o di altra più intima ospitalità donnesca. Importante è che il Ricevente ne meni grande e particolareggiato vanto, parlandone apertamente con altrui.

Del Regalo

È buona, quanto inosservata regola, lasciar negligentemente in vista il prezzo del Regalo. Ma poiché non vi è regola senza eccezione, sappia il Perfetto Gentiluomo che **il tagliando del prezzo va accuratamente espunto, ove la Cosa sia di poco valore**. Corrono, in siffatta evenienza, due autorevoli scuole di pensiero fra le quali sceglierà l'ormai provveduto Lettore.
Vuole la prima che il Regalo, in anonima confezione, lasci nel dubbio il Ricevente sul suo valore. Avrà cura allora il Regalante, con accorte – ma non esplicite! – parole, lasciar intendere che trattasi di cosa di pregio, rara e, per un qualche intrinseco particolare, rimarchevole.
Per la seconda e più recente dottrina è invece d'uopo avvolgere l'og-

getto in confezione di prestigioso, griffato mercante, e porgere lo stesso con affettata noncuranza.

Il valore del Regalo è uno dei più controversi temi dottrinali del *bon ton*. Sono schierati per il massimo possibile quanti sono usi a ricevere; per il minimo, quanti dannati a donare.

Molti Gentiluomini, saggiamente, nelle settimane precedenti il Natale, trascurano famiglia e impegni di lavoro nella certosina ricerca di rari oggetti a vilissimo prezzo nei mercatini delle pulci e nei magazzini d'esosi mercanti, onde farne Regalo a intimi amici e intimissimi nemici. Mal s'appone il Poeta che scrisse, in barbari tempi: «Se ben si paga, molto è l'acquistato...».

Che tale massima susciti oggi riso e compatimento per gente antica e di rozzo sentire, è naturale: non a caso, in settecento e passa anni, grande è stato il progresso di costumi e civile portamento.

Il Perfetto Gentiluomo dovrà dosare il valore del Regalo secondo il suo interesse e le caratteristiche del Ricevente, mai dimenticando, come abbiamo già accennato, che il miglior Regalo è quello che si fa con il minimo sacrificio pecuniario possibile («... *gemmis vilibus usus inest*») e compatibile con lo stato sociale del Donato.

Tenendo presente quest'ultima, aurea condizione, si farà dunque un Regalo di gran valore a chi si presume ne sarà umiliato; parimenti a colui dal quale si aspetta un beneficio. Di scarso valore, invece, sarà il Regalo a chi il beneficio ci ha già fatto, ma se ne trarrà in ogni modo occasione per farne sospiroso vanto con i terzi ("... ho dovuto ricambiare... ma quanto mi è costato!" ecc.). Ciò è conforme ad antichissima regola di galateo enunciata mirabilmente intorno alla metà del secolo XIII: «... e stia in vostra conoscenza / lo don di benvoglienza...».

Il Riciclaggio

Questa pratica universalmente diffusa dà luogo, sovente, a equivoci e situazioni d'imbarazzo per il poco meditato uso che se ne fa.

Sappia il Vero Signore che **ogni cosa ricevuta in Regalo è utilizzabile ad analogo ulteriore effetto**. L'accorto uso del Riciclaggio solleva il Gentiluomo dall'impegno e dalla spesa di dovuti Regali in obbliganti ricorrenze.

Si narra del noto Ermenegildo S. che a ogni Natalizia cerimonia assolse – rettamente amministrando – gli obblighi di Regalo, facendo parsimoniosa amministrazione di quelli ricevuti. Costui dicesi abbia utilizzato i ninnoli e le cianfrusaglie che gli pervennero in gran copia in occasione del suo matrimonio, per ben diciassette anni a seguire, soddisfa-

cendo senza niuna spesa amici e parenti che andavano a nozze.
Avrà dunque cura il Perfetto Gentiluomo, nel ricevere presente alcuno, di **selezionare i gratuiti oggetti rimuovendo con amorevole delicatezza involucri e imballaggi**, sì che sia possibile restituire l'intonso aspetto al prezioso pacco, mettendo da un lato quelli di qualche valore e utilità e dall'altro gli orrendi soprammobili, le obbrobriose *gags*, gli inevitabili duplicati. Di questi ultimi, soprattutto, usi con prudente studio per regalare ad altrui.
La pratica del "Riciclaggio" (penalmente sanzionata per altri versi, ma di ciò non si curi il Nostro Lettore), richiede precisione e preveggenza. Può anche prestarsi, specie sotto le Feste Natalizie, a singolari scommesse sui tempi e sull'incidenza statistica del ritorno dei Regali ai primi Regalanti.

Porrà gran discernimento nella scelta dell'oggetto da regalare il Provveduto Gentiluomo. Sia esso un'eletta cosa superflua per il Regalato, meglio se ingombrante, fastidiosa, in contrasto, al caso, con l'arredamento della casa di questi, disagevole per uso e per vista e, ove possibile, faccia incidere o graffire sulla Cosa, o segnare con indelebile scritta, il nome del Beneficiato, sì da sottrarla a ogni riciclaggio e consacrarla a perpetuo, inalienabile godimento del Regalato.
Al Regalo il Cortese Mittente aggiungerà – in ogni caso – un suo biglietto con apposito Augurio: "Buone Feste, Felice Matrimonio ecc.", meglio se a stampa e senza autografia alcuna, sì che il Ricevente resti in dubbio se il Regalo venga dall'Amico o da un qualche suo garzone addetto alla bisogna, all'uopo munito d'apposita graduatoria di Riceventi posti in ordine di relativa importanza.
Il Ricevente, a sua volta, ricambierà, secondo i casi, con Regalo di minor valore ("basta il pensiero") o con biglietto da visita nel quale comparirà il Riverito Nome con titolo accademico, funzione più o meno pubblica e, in calce, l'elegante messaggio "p.r." (che secondo illustri criptologi significa "per ringraziamento").

Un cenno particolare meritano **i Regali dovuti in occasione d'inviti a pranzi o cene**. Si tratta, in genere, dell'anodino e non compromettente mazzo di fiori, ovvero della scatola di cioccolatini o della pregiata bottiglia. Mentre i fiori non rientrano nella categoria dei Regali e sono quindi relativamente innocui, negli altri casi sorgono situazioni molto conflittuali. Infatti il Regalante ha come recondito fine quello di assaggiare i "suoi" cioccolatini e il "suo" *Champagne;* il Regalato tende a conservare – per la "Legge del Riciclaggio" – quelli e questo.

Alcuni Regalati applicano la "Legge di Conservazione": essa consiste nel conservare a tempo indeterminato, e in capaci scaffali, i cioccolatini distinti con l'indicazione dell'anno di ricezione e utilizzarli in rigoroso ordine cronologico nelle successive occasioni.
La prof.ssa ***, perfetta gentildonna osservante della Legge di Conservazione, in occasione di una sobria cena con illustri commensali tesaurizzò l'enorme scatola di cioccolatini regalatale per l'occasione dalla "Prefettessa" e, al termine del sommario convivio, offrì ai distinti ospiti confetture di ben sette anni addietro, decantandone l'incerto colore e la consistenza sabbiosa quale prova inconfutabile del subìto invecchiamento. Con ciò dimostrò quanto affettivo valore attribuisse ai regali degli ospiti, come sapesse custodirli gelosamente e, malgrado li amasse tanto, come sapesse privarsi, per amor loro, de' più preziosi per antichità.
Altro esempio preclaro è quello della dr.ssa ***, cui furono donate da un ospite, in più conviviali occasioni, scatole di pregiato caviale. Il Regalante, pur essendo un astuto avvocato, mai riuscì ad assaggiarlo, divenne triste ed è attualmente in cura presso un guaritore indiano.

I Donanti, in siffatte occasioni, hanno poche *chances*, ma possono ricorrere a collaudate tecniche di cui diamo sommario conto.
Taluno, nel porgere all'anfitrione la bottiglia di *Champagne*, si profonde

in complimenti e auguri, finge sfrenata allegria, si riappropria della bottiglia e la stappa immediatamente per festeggiare, dichiarando che lo *Champagne* è il miglior aperitivo.

Alcune signore non ancora in menopausa alla fine del pranzo fingono un'improvvisa voglia gravidica di cioccolato, ma non sempre riescono a far aprire la "loro" scatola (v. paragrafo prec.).

Altri, esasperati, ingiungono brutalmente all'anfitrione di aprire e offrire a tutti la "loro" bottiglia ma, se questi è persona di spirito e ben educata, si sentiranno rispondere che quello *Champagne millésimé* – che egli aveva già aveva bevuto e apprezzato nel lontano 1986 – è tanto buono da meritare d'essere onorato con un'apposita cena che si riserva di convocare e, quindi, s'impegna a conservare il prezioso Dono.

Del Regalo utile

Contrariamente a quanto sostenevasi in tempi cui ormai guardiamo con sovrana commiserazione, **il Regalo non deve mai consistere in superfluo, ancorché prezioso oggetto** che, inaspettato, sorprenda e commuova chi lo riceve. A gente d'animo semplice, ignara dei moti del cor gentile, si addicono tali regali.

Sappia l'ormai avveduto Lettore che **è indubbia prova di grande eleganza regalare alcunché d'utile a intima persona**.

Se trattasi di persona di famiglia, l'utile Regalo anticipa una spesa che sarebbe in ogni caso necessaria e che soddisfa un'esigenza reale del Ricevente. Inoltre, non richiede la faticosissima opera-

zione d'invenzione e scelta e il conseguente stato di stress ("... avrò scelto bene? e se poi non gli piace?") che, secondo maleducati passatisti, realizzerebbe un incremento del valore affettivo del Regalo.
Se dato a persona estranea, l'utile oggetto parimenti soddisfa un bisogno e rileva la generosità del Donante, la sua perspicacia nello spiare l'altrui bisogno, e, come cosa data da ricco a povero, muove nel Ricevente sentimenti non solo di gratitudine, ma eziandio di rispetto e psicologica sudditanza. Avrà cura il Donatore di porre l'accento sull'utilità del Regalo, di meravigliarsi che il Ricevente ne sia ancora privo e pretendere che sia posto subito in uso.

Sia, se possibile, il Regalo utile, anche monito, insegnamento, esortazione. **È di gran raffinatezza, per esempio, regalare a qualsivoglia femmina profumate saponette**; mal s'appongono quanti, facendosi voce di rozze e semplici maniere, assumono in raffazzonati Galatei che Regalo di tal fatta suona offesa, perché sembra alludere a qualche lacuna della corporale igiene. Se si accettasse un tale principio, non si potrebbero più regalare nemmeno indumenti, golosità e quant'altro, perché ciò significherebbe accusare i Regalati d'essere straccioni, morti di fame ecc.

Quando regnavano Luigi XV e la Pompadour, dopo la faccenda del "Rovesciamento delle Alleanze", fu esiliato a Roma con funzioni di Ambasciatore di Francia un Gentiluomo che per la raffinatezza dei modi è entrato nella leggenda e al quale guardiamo con rispetto e invidia come a modello d'ogni elegante sentire: il defunto Pierre di Bernis, intendo.
Giunto che fu nel suo dorato esilio, seppe esservi in quella città la Principessa di Santacroce, signora bellissima e di non difficile accesso. La rinomanza delle sue grazie lo rese voglioso di goderne, ma le malelingue aggiungevano, sulla fede di molti diretti testimoni, che eravi rischio di dover rinunciare alla bella donna per l'insopportabile fetore che sempre emanava dalle sue più intime parti.
Ottenuto un invito a cena nel palazzo della Principessa, il Bernis si fece precedere da un Regalo che era, al tempo stesso, prezioso, utile, ammonitore: i suoi servi in livrea consegnarono, infatti, un bellissimo *bidet* portatile d'argento massiccio.
La sera della cena, al momento del *dessert*, i maestri di tavola guidarono i valletti a deporre trionfalmente il *bidet* carico di frutta – singolare alzata centrotavola! – davanti ai commensali.
Il Bernis raccontò poi il fatto, commiserando i nobili romani che ave-

vano, a suo dire, scambiato il catino deputato a segreti lavacri, per una fruttiera.
Altri ritengono che la Principessa, colpita dall'utilità e dall'arguzia del Regalo, abbia inteso ricambiare, facendo mangiare al suo distinto ospite la frutta servita nel prezioso contenitore, dopo averne fatto appropriato uso.

Scelga il lettore delle due soluzioni qual più gli piaccia. Sappia comunque che il *bidet* fu introdotto in Francia, al momento delle sue regali nozze, da Caterina de' Medici: prima era sconosciuto ai Francesi.
L'utile strumento, per ordine di Francesco I, fu considerato segreto di Stato e tale rimase fino alla Rivoluzione. Il Bernis poté violare il secolare divieto a cagione della sua intimità con la Pompadour, ma, all'avvento della Repubblica, il *bidet* fu vietato come oggetto propriamente monarchico.
Napoleone I tentò d'imporlo all'uso, ma invano. Fatto sta che ancor oggi, in Francia, il *bidet* è guardato con sospetto fin nei migliori alberghi, che, peraltro, hanno sempre un paio di stanze attrezzate con il misterioso lavacro. La Dama che chieda insistentemente una camera dotata di bagno con *bidet* è immancabilmente identificata per prostituta in cerca di un'alcova a ore.

DEL SALUTO E DEL MODO DI SALUTARE

Origine e Storia del Saluto

Il Saluto è manifestazione di sentimenti, vuoi d'amore o benevolenza, vuoi di rispetto o sottomissione; sempre segno di cortesia.

Si suppone che forme elementari di Saluto siano tuttora in uso perfino nel mondo animale, anche se è poco chiaro – non dissimilmente da quanto accade fra gli umani – quante volte il Saluto nasconda un'implicita minaccia.

Illustri studiosi congetturano che già l'**Uomo di Neandertal** conoscesse un cerimoniale di Saluto consistente in ritmiche danze, grugniti, strofinamenti e annusamenti.

Presso gli antichi Greci e Romani il Saluto, come dice la parola, consisteva essenzialmente nell'augurare buona salute a taluno. Trattavasi di cerimoniale del tutto formale, usualmente diretto anche al nemico, cui si augurava un repentino, immediato decesso per cause più o meno naturali, il che testimonia tuttavia l'ottima educazione degli Antichi Romani.

È paradigmatico il caso dei gladiatori i quali, prima di morire, auguravano (a voce) buona salute all'Imperatore; Spartaco era invece un cafone privo d'ogni cortese apprendimento, perché, prima d'essere crocefisso, non salutò affatto il proconsole Crasso.

Nel Medio Evo il Saluto acquista particolare importanza e diviene d'obbligo fra cavalieri duellanti. Era sommamente disdicevole, in quell'epoca, uccidere o mutilare l'avversario senza averlo prima salutato.

Guillaume le Maréchal, che divenne Connestabile di Enrico II d'Inghilterra, aveva campato arraffando le borse nei tornei di tutte le fiere d'Europa, dai quali usciva sempre vincitore essendo più grosso degli altri. Dovette la fama di campione d'ogni cavalleresca virtù in prevalenza alle sue buone maniere e all'elaborato Saluto che rivolgeva, prima degli assalti, al malcapitato avversario. Dati i tempi, esso consisteva nell'alzare la visiera dell'usbergo e mostrare il volto minaccioso.

Da ciò deriva l'attuale Saluto Militare, altrimenti incomprensibile, che consta nel portare una mano aperta e tesa all'altezza dell'osso temporale.

Il Cortese Lettore che qui si accinge a vestire i panni del Perfetto Gentiluomo, avrà cura di apprendere che (desueto quello c.d. "Romano", anche se nessuno ha mai dimostrato in maniera esauriente che gli Antichi Romani fossero usi a quel Saluto a braccio levato) **il moderno Saluto si distingue in**:

- Saluto a voce;
- Saluto al cappello;
- Saluto alla mano;
- Saluto con abbraccio;
- Saluto con bacio;

Il salutare con discrezione, sincera simpatia e affetto, è cosa da sempre ritenuta non solo riprovevole, ma anche pericolosa per il Salutato, come è provato dai seguenti versi che risalgono al XIII secolo: «... lo vostro bel Saluto e 'l gentil sguardo / che fate quando v'encontro, m'ancide!».

- Saluto americano, ovverosia con "pacca" sui palmi delle mani aperte e mimica complessa;
- Saluto per iscritto;
- Saluto di presentazione.

Sappia Egli, in ognuna di tali categoriche circostanze, comportarsi a regola di cortesia seguendo il nostro insegnamento.

Il Saluto a voce

Nell'incontrare persona con la quale siavi stata intimità alcuna, **è del vero Gentiluomo interpellarla a gran voce, facendo nel contempo ampi gesti col braccio e con la mano**, augurando la buona giornata, o pomeriggio, o serata, e domandando premurosi come Ella si stia, senza peraltro attendere risposta e volgendosi a salutare altri. Questo magnanimo salutare alla lontana senza aspettar il dovuto ricambio, è segno di superiorità e gentile condiscendenza, assai gratificante per il Salutato.

Ricordo il Saluto di quel Presidente della Repubblica, da me conosciuto quando era ancora un innocuo avvocato. Egli, vedendomi fra gli altri convenuti a render omaggio in un'occasione ufficiale nella Sala degli Specchi del Quirinale, mi si rivolse agitando il corto braccio e gridando: "Ué, cumpà! Pure tu stai accà...". Dal che trassi grande insegnamento e consolazione per l'esemplare, elegantissimo modo di salutare con che portavasi l'Illustre Personaggio.

C'è da dire, d'altronde, che illustri esempi di consimili condotte da parte dei Capi di Stato si rinvengono nella Storia: citerò Michele III, imperatore bizantino del X secolo. Costui era uso a strani comportamenti quali guidare la biga da solo, aiutare una vecchia amica a portare un secchio con i panni appena lavati alla fontana, farsi invitare a cena per mangiare pane e cacio, dire parolacce e tornare a casa a piedi e senza scorta.

Fu un buon Imperatore, ma gli storici di Corte denigrarono il suo modo di agire soltanto al fine di giustificare il successore Basilio I, assassino, sì, ma compitissimo. Il nipote di Basilio, Costantino Porfirogenito, d'animo mite (faceva "solo" castrare i rivali al trono, invece di ammazzarli!), divenuto a sua volta Imperatore nell'anno 912, pensò bene di garantirsi vita e trono dedicando la sua esistenza a compilare un trattato di Buone Maniere per Imperatori. La morale è ovvia e il Lettore la trarrà da solo.

Il Saluto alla voce, in altri casi, comprende il premuroso informarsi della salute e del peso del Salutato: "Come stai? Ti vedo un po' affaticato…", "Ma come sei ingrassato! Come stai bene!". Il tutto sempre pronunciato ad altissima voce e chiamando a testimoni quanti siano presenti. In particolare la Perfetta Gentildonna, rivolgendosi a persona dello stesso sesso, avrà cura di far grandi meraviglie per trovarla così in forma, così in carne, e mostrerà la sincerità del suo interessamento sentenziando sul peso presunto della Salutata.

Il Saluto al cappello

Un genere di Saluto ormai pressoché desueto, anch'esso senza contatto fisico, è il Saluto al cappello. **Trattasi di modo di salutare assai raro, quanto rari sono i cappelli al giorno d'oggi**, che tuttavia il Gentiluomo non può ignorare.

Le origini di questo modo di salutare sono controverse. Secondo illustri studiosi esso sarebbe nato in realtà come offesa, poiché in tempi antichissimi si usava coprirsi il capo per dimostrar reverenza (come ancor ieri s'imponeva alle donne che recavansi a messa), quindi lo scoprirsi

era segno di disprezzo. Poi, data l'abitualità nell'offendere alla lontana in tal modo, la barbarica obnubilazione dell'intelletto nel Medio Evo lo avrebbe convertito in gesto di stima e rispetto. Entrò, in ogni caso, in larghissimo, obbligante uso e tale rimase fin quasi ai giorni nostri.
Si afferma che il Re Sole, compitissimo Gentiluomo fra tutti, si togliesse il cappello ogni volta che incontrava una donna, foss'anche d'infima condizione «... soprattutto per le donne non si vide mai niente di simile: mai passò davanti alla minima treccia senza toccarsi il cappello, dico per le cameriere, che egli sapeva come tali, come si vide spesso a Marly. Per le dame si scappellava completamente, ma a maggiore o minore distanza. Pei titolati se lo toglieva a metà. Pei semplici nobili, ma che lo fossero veramente, si contentava di mettere la mano al cappello. Se abbordava qualche signora, non si copriva prima di lasciarla...».
Tale Saluto ebbe anche significato di riconoscimento d'inferiorità in chi si toglieva il cappello, di resa, d'ammirazione ecc. onde le abusate espressioni: "tanto di cappello!" e il sintetico "*chapeau*!".

Poiché il Vero Gentiluomo si erge su tutti senza mai ad altri inchinarsi, nemmeno metaforicamente, sappia il cortese Lettore che, trovandosi con il capo occasionalmente coperto, in giornata invernale, mai dovrà togliersi il cappello.
Se il Salutando fosse piuttosto lontano, ove non voglia far uso del Saluto alla mano (v.), farà mostra di non vederlo. Se vicino, saluterà in altro modo senza togliersi il copricapo. Nel dubbio, **si limiti a toccarne con un dito la tesa**, gesto, per il vero, scarsamente elegante che, tuttavia, poco toglierà alla fama della sua compitezza. Ricordi, infine, che **togliersi il cappello davanti a una signora o femmina che si sia, più non s'usa**.
Del tutto obsolete le regole dettate nel XX secolo da Colette Rosselli – in arte Donna Letizia – che, peraltro, vanno rilette e considerate con tenera commiserazione quali frutto di una cultura ormai superata.

Il Saluto alla mano

Si tentò, durante l'infausto ventennio, di proibire la stretta di mano accampando ragioni igieniche, di convenienza o meramente ideologiche. Prevalsero le storiche e inveterate motivazioni che sostengono **quest'universale forma di Saluto meriti universale plauso e incondizionata adesione**.
È a tutti chiaro che il porgere e lo stringere le mani destre nude e distese dimostra la rinuncia a portar l'arma (che tutti, si sa, abbiamo in saccoccia, sia essa bianca o da fuoco) contro l'amico: la destra, disar-

mata e spoglia, dichiara rinuncia all'offesa e quasi si rende ignuda alla mercé di quegli. Dunque, segno di totale amicizia, eziandio di pace.

La stretta di mano è anche amoroso proemio, come si deduce dal noto duetto: «... là ci darem la mano, ... là mi dirai di sì...».

A fronte di tanto, **è una bieca congettura che la stretta di mano sia stata sponsorizzata da farmacisti e case farmaceutiche** per l'indubbia efficacia nella diffusione dei virus influenzali e del raffreddore. Il Perfetto Gentiluomo userà quindi senza discrezione di tal Saluto, porgerà sempre per primo la mano e modulerà opportunamente la stretta.

Questo comportamento si addice in maniera particolare a quanti, per naturale sensibilità d'animo e di nervi, hanno il palmo umidiccio o grondante: non vi è nulla di più gratificante che sentire una mano amica che lascia sulla nostra intimi e personalissimi umori. L'esperienza insegna che, a cagione della naturale disposizione dell'Uomo alle buone maniere, i possessori di siffatta mano sono anche quelli che maggiormente ricorrono a prolungate strette per dichiarare amicizia e affetto.

I più raffinati, in pubbliche occasioni, stringono senza parsimonia il maggior numero d'appendici prensili dopo essere stati alla *toilette*, donde, al rumore dello sciacquone, non seguì né quello dell'acqua corrente, né il ragionevole tempo necessario a quel lavacro cui è usa la plebe dopo aver toccato le non nette, intime parti.

In ogni caso **si deve dare alla stretta di mano un particolare significato** e si deve usarla per trasmettere allusivi messaggi.

- Sia vigorosa e persistente fino al manifestarsi di una smorfia dolorosa nel volto dell'amico – meglio dell'amica – a dimostrare valentia fisica e promessa d'inusitata virilità.
- Sia con gli inferiori molle e curia-

le, propria dei vescovi che, in questi ambigui tempi, mai non sanno a priori se si bacerà loro l'anello o si stringerà amicalmente la mano, quello ignorando sfrontatamente.

• Sia subito verticalmente ritratta, a sottolineare maggior rango, concessione a porgerla, noncuranza per l'altrui e una qualche stanchezza per i troppi palmi che il ruolo obbliga a stringere.

L'amico, così gratificato, ne trarrà sensi di rispettosa ammirazione.

La mano donnesca si atteggi sempre, nel proporsi alla stretta, ciondolante e sollevata quasi all'altezza del petto, sì che, se l'incauto non fa cenno di vieppiù sollevarla e baciarla, ne possa afferrare soltanto le dita e senta in sé crescere grave imbarazzo per il non reso omaggio.

Il Gentiluomo, da parte sua, nello stringere femminea mano, sappia trasmettere opportuni messaggi: tenderà il palmo facendolo compiutamente aderire a quello della donna e, specie se moglie dell'amico, conversando piacevolmente del tempo o del Festival di San Remo, la tratterrà e farà carezzevoli pressioni con le dita scivolando lentamente fino al polso che ne sarà dolcemente solleticato.

A tale classica, raffinata manovra, si addice lo sguardo alludente fra le ciglia semichiuse.

Da Uomo a Uomo si faccia uso – a seconda delle circostanze – della cosiddetta "presa della piovra". Non si lasci la mano dell'amico, una volta saldamente afferrata, per nessun prezzo: si stringa vieppiù al divincolarsi di quella e si tiri verso di sé con forza di braccio se tenta di sottrarsi; e ciò duri il tempo che sembrerà opportuno.

Non possiamo infine mancare di far cenno alla **stretta di mano c.d. complessa**, adottata da uomini e donne di singolare, raffinata educazione. Questa consiste nell'avvolgere l'altrui mano con entrambe le proprie, palpeggiarla, esplorarla accuratamente, sollevarla e stringersela al petto ove a lungo vien trattenuta («... *algenti manus est calefacienda sinu...!*»).

Trattasi di pratica raffinata ma pericolosa: si sa di taluno che scambiò tal segno d'intima amicizia per ambigua proposta e di talaltro che, così catturato da donnesche mani, si trovò impreparato a ciancicar con le dita fra le poppe e incorse in gravi episodi di aritmia cardiaca.

Non ci sentiamo di consigliarla, se non, in via eccezionale e riservata, ai più avveduti.

Il Saluto con abbraccio

Trattasi di forma cordiale che accentua, con un che d'affettuoso, l'ostentata amistà propria della stretta di mano.

Non vi sono regole particolari per

tale caratteristico, intenso Saluto, che sarà adottato ogni volta che si vorrà simulare gran familiarità con questa o quella persona.

Va da sé che **l'abbraccio è del tutto inutile se non vi sono terzi astanti**. In linea generale raccomandiamo di farne largo uso d'estate e in sale sovraffollate, quando il corpo sudato elabora, sapientemente miscelando, nuove essenze dal sudore, dal deodorante, dal profumo propriamente detto. Meglio se i vestimenti leggeri costringeranno l'Abbracciato a toccar con la propria la pelle sudaticcia dell'Abbracciante. Sembra che l'espressione "calore dell'amicizia" derivi appunto dalle vampate di torrido afrore che avvolgeva i destinatari dell'abbraccio durante gli affollati balli del Secondo Impero e, come tale, sia entrata nell'uso letterario.

È un Saluto particolarmente in voga fra le Gentildonne, che lo preferiscono alla virileggiante stretta di mano e che consente, in ogni caso, una rapida esplorazione dei rotoli di ciccia fuoriuscenti dal *body* e dell'uso o meno del reggiseno (di questa variante d'abbraccio con esplorazione manuale già parlò l'esule Vate: «*... incontinentes iniciat manus...*»). È altresì utile per accertare quale profumo usi l'Altra e per aver netta visione, sotto cipria e fondotinta, di rassicuranti rughe.

È in ogni caso **indispensabile ai successivi fini della Conversazione donnesca**, poiché la Vera Gentildonna non parla mai delle assenti senza diretta cognizione di causa.

Il Saluto con bacio

Gentiluomo e Gentildonna devono accortamente usare di tale forma di Saluto con la maggior frequenza possibile, modulandolo secondo le circostanze. La materia è tuttavia controversa, perché soggetta a un grande numero di varianti, e la dottrina non ha ancora elaborato un unitario indirizzo teoretico e pratico, sì che a diverse latitudini si hanno procedure differenti che vanno dal bacio simulato a quello schioccato, dal bacio singolo al bacio multiplo.
In linea generale possiamo prescrivere che **del Bacio come estemporaneo Saluto debba il Vero Gentiluomo far larghissimo uso** e, sempre, con il sonoro schiocco.

Sia bandita l'opinione di quanti, tra il volgo, lo ritengono applicabile sol sulla base di una qualche intimità pregressa, vuoi familiare o di altro genere. Costoro, per sostenere siffatta peregrina opinione, fan ricorso a inadeguati esempi e osano perfino citare Gesù il Nazareno che non amava simili effusioni («*... noli me tangere...*») e che, da un bacio di persona non intimissima, ebbe le ben note, tragiche conseguenze.

• Sia sempre il Bacio di Saluto pregno di sé, sapido e umescente; lasci un velo di saliva sulla gota del Baciato (il quale, se dabben educato, avrà cura di estrarre una candida batista e detergersi con noncuranza il volto, tuttavia sorridendo al Baciante).
• Se inferto da donnesche labbra, lasci lieve ombra di rosso e si affretti la Baciante essa stessa a detergerlo, ammiccando e alitando sul volto dell'amico.
Le più esperte, profittando della loro usuale minore statura, lasceranno scivolare, inavvertita, quella dolce ombra rosata sul collo dell'immacolata camicia che veste il marito della miglior amica.
Nessun faccia le meraviglie o mostri imbarazzo se, nell'incontrare persona casualmente presentatagli qualche anno prima e mai più rivista da allora, si sente da questa abbracciato e baciato con grandi feste: trattasi di persona che dimostra con ciò di possedere raffinata educazione, vuoi innata, vuoi acquisita in severi *colleges* anglosassoni.

Venendo ora alle categorie note del Bacio di Saluto: senza pronunciarci su qual sia superiore, diremo che **in Italia, è stato adottato il Bacio Simulato**. È questo il massimo della raffinatezza nostrana: invece di poggiare il sensibile labbro sulla ben rasata gota, si avvicina la gota alla gota, possibilmente senza diretto contatto, facendo le boccucce, allungando il collo e guardando altrui. Ciò può farsi o una o due volte, alternativamente rispetto all'una e all'altra guancia.
È pratica incomprensibile, giacché il bacio, per sua natura, o è o non è, e non ha senso ridurlo a sia pur ben recitata mimica che potrebbe anche sembrar voluta offesa. Tuttavia, come in tutte le questioni di *bon ton*, non si deve cercare la *ratio*, ma adeguarsi al mondano uso. Pur essendo questa pratica universalmente diffusa e ritenuta il massimo delle buone maniere salutatorie, **ricorderemo che "sempre", in Italia, il Bacio di Saluto è di regola singolo**: si dà un bacio a una guancia sola e… *sufficit*. **Nella Francia meridionale, invece, il bacio è duplice**: in tale Regione è d'obbligo baciar entrambe le guan-

ce. **Nella Francia settentrionale**, come io vidi in Normandia, **il bacio di Saluto è triplice**: si baciano alternativamente le due guance e poi si torna con il terzo bacio su quella primieramente baciata. Non mi è stato possibile, anche interpellando illustri studiosi, chiarire la ragione di tale asimmetrico baciare (ma parlando con i Francesi si dica sempre *embrasser* e mai *baiser*, se non si vuol essere tenuti per persona oscena), né tampoco se sia indice di generosità dare un bacio in più dell'usato, ovvero di avarizia darne uno in meno di quanto s'usi nei paesi del Nord Europa, dove il Bacio di Saluto è ripetuto quattro volte, alternativamente sull'una e l'altra guancia. In qualsivoglia delle suddette forme, **il Perfetto Gentiluomo faccia largo uso di questo tipo di Saluto** e, poiché il bacio è un rendersi intimo, un dare e un offrire della propria personalità, sia sempre intenso, e comprensivo altresì di quel sommesso respirare che ben conoscono gli amanti, in modo che il Baciato recepisca, com'è d'uopo, l'intima essenza del Baciante. **Si respiri dunque spontaneamente nel baciare** e non si tema di rivelare dell'essere proprio le fastidiose gastropatie, né le non terse fessure d'odontoiatrici ponti.

Del Saluto americano

Di questa rituale salutazione che ci vien d'oltre oceano diremo brevemente. **Trattasi di Saluto dai malvagi detto "demenziale"**, alla cui pratica, trattandosi di rituale complesso, occorrono lungo studio e allenamento. Nelle forme più semplici si realizza mostrando le palme delle mani aperte che saranno alternativamente percosse (sinistra su sinistra e destra su destra), pronunciando suoni gutturali, muovendo gli arti inferiori in complicati passi di danza irochese e concludendo con un gran colpo dei palmi delle destre alzate sopra la testa.

È Saluto tipicamente giovanile che sostituisce, in taluni casi, la nota stretta di mano massonica. È raccomandato in

particolare a persone attempate ma giovanilmente vestite.
Non è adatto al sesso femminile, che non lo ha mai assunto in uso se non in età scolare.
È, in ogni caso, **da praticarsi con cautela e previo allenamento**, poiché sembra che il violento, schioccante urto delle mani aperte sia all'origine di patologie, come la diffusissima "Sindrome del Tunnel Carpale".

Del salutare per iscritto

Trattasi di convenevole pratica che solo per comodità cataloghiamo sotto la trattazione del Saluto in genere.
È regola che il Compiuto Gentiluomo/Gentildonna usi salutare per iscritto nelle forme più concise possibili. **Il Saluto d'Augurio**, per esempio, consisterà in biglietto da visita siglato con austera semplicità con "p.a." (che significa, secondo la prevalente opinione, "per auguri").
Nel ringraziare per una cena, un Regalo (v.) o altra cortesia ricevuta, si userà l'incisiva sigla "p.r." ("per ringraziamento"). E così via.

Sia il biglietto di Saluto possibilmente, se non a stampa, almeno dattiloscritto e senza firma, della quale non v'è d'uopo, ampiamente supplendo il nome, i titoli e le decorazioni che figureranno sul biglietto stesso. I più raffinati fanno vergare a mano da appositi Segretari i biglietti di Saluto, altri preferiscono farli compilare a macchina apponendo con uno stampino il facsimile della propria firma; ma questa è pratica controversa che, in ogni caso, richiede un soverchio impegno.
In casi eccezionali e quale segno di straordinaria considerazione lo Scrivente aggiungerà la firma autografa.

Quella del biglietto prestampato è pratica nobile e antichissima, del che chiamo a testimone Marziale: «*Seu leviter noto, seu caro missa sodali / omnes ista solet charta vocare suos*» («Sia che vada a uno sconosciuto, sia che vada a un caro amico / questa carta da lettere comincia sempre con "caro amico"»).

Del Saluto di Presentazione e della Presentazione

Per insondabili ragioni due persone che mai si erano viste prima, trovandosi occasionalmente insieme in un gruppo, non possono parlarsi fin quando un comune conoscente non le "presenti" reciprocamente.
I precedenti storici documentati sono quelli dell'etichetta di Corte, vuoi quella elaborata da Costantino Porfirogenito prima dell'anno Mille in quel di Bisanzio, vuoi quella delle Corti Europee del XVIII secolo. È in questi trattati che troviamo la "*Presentazione*" a Corte.
Finiti i Regni e instaurate le Repubbliche, si può supporre che il privilegio della Presentazione formale, in-

teso quale condizione per esistere agli occhi del Sovrano, sia diventato pratica universale e democratica.
Alcune persone affette da megalomania pretendevano per il vero anche prima la formale Presentazione per intrattenere discorso con alcuno; valga per tutti il burbero Farinata: «Come ti permetti di rivolgermi la parola?!» («Chi fur li maggior tui?»)
Al giorno d'oggi **non è infrequente il caso di due persone non "presentate" che, stando fra altre intente a cordiali conversari, non si rivolgono la parola**, guardano in aria fischiettando, fingono indifferenza e si comportano come se l'altro non esistesse. Quest'atteggiamento è certamente il più conforme al Galateo, in applicazione della regola: "Persona non presentata, persona ignorata". Solo gente di basso sentire, anche prescindendo dalla formale Presentazione, rivolge la parola allo sconosciuto, lo coinvolge nelle chiacchiere in corso, declina con indifferenza il proprio nome e lo invita a fare altrettanto, sorridendo all'amico che dimenticò la Presentazione.

La "Presentazione" è pratica difficilissima e pone problemi insolubili: si voleva, un tempo, che fosse l'inferiore a essere presentato al superiore, l'uomo alla donna, il giovane all'anziano e così via. *Quid*, se devono essere presentate due persone di pari sesso, età, dignità?
Taluni hanno cercato di praticare la c.d. "Presentazione a doppio audio", pronunciando contestualmente il nome di entrambi i Presentandi, dopo essersi sottoposti a costosi corsi di logopedia, ma le difficoltà fonetiche furono ritenute insuperabili per i più.
Altri, dotati di forte senso pratico, hanno aggirato l'ostacolo rivolgendosi ai due con frasi ambigue: "... Vi conoscete...?", sperando di creare in tal modo le condizioni per indurre all'Autopresentazione; purtroppo si sono trovati spesso in serie difficoltà quando uno dei due o en-

trambi, a quella domanda, invece di farsi sotto e proclamare all'altro con entusiasmo il proprio nome, hanno risposto: "No, non ci conosciamo", guardando freddamente il Presentatore in atteggiamento d'attesa.

Consigliamo il nostro Lettore di evitare ogni situazione che lo costringa a far da "Presentatore". Se costretto, ricordi di enunciare sempre tutti i titoli del Presentato, ché, dalla dimostrazione della sua intimità con questi, trarrà gran prestigio e crescerà nella sociale considerazione.

Ove un malcapitato si trovi in convegno di persone, il suo ospite lo presenterà a ciascuna secondo le formalità del seguente paragrafo e il classico insegnamento: «*Nomine quemque suo, nulla est iactura, saluta; / iunge tuis humiles ambitiose manus*». «Saluta tutti con il loro nome – non c'è pericolo – e stringi nelle tue quelle umili mani». Questo è un modo molto usato per risolvere una stracca serata.

Si narra ancora il caso del dr. *** che, intervenuto al tè di beneficenza della signora ***, cui partecipavano centoventitré dame, strinse mani e dichiarò "piacere" per quarantasette minuti, dopo di che, fattasi l'ora di andare, riuscì a contrarre i centoventitré saluti di addio in soli trentadue minuti e dieci decimi.

I Presentati si saluteranno a vicenda con esplicite manifestazioni di giubilo e gratificazione: "Piacere... Il piacere è tutto mio... Lieto... Molto lieto..." con le elegantissime varianti: "... Piacerissimo... lietissimo... ecc." e s'informeranno premurosamente della reciproca salute: "Come sta?", previa prolungata stretta di mano secondo le regole più sopra esposte e senza prestare attenzione alla risposta.

La c.d. "Presentazione collettiva", vale a dire il proclamare il nome del convenuto alla compagnia nel suo complesso, è pratica economica, avara, indegna del vero Gentiluomo e più non s'usa.

La Presentazione costituisce spesso un momento sociale favorevole. I Presentati, ignorando tutto l'uno dell'altro sono naturalmente portati a un certo qual formale atteggiamento, ma possono profittare dell'enunciazione dei titoli accademici per farsi dare sommari pareri legali o medici, emarginando, a tutela della *privacy*, il Presentatore.

Quando due persone sono presentate da un terzo comune amico, è regola che quei due, fino a poco prima sconosciuti l'uno all'altro, intreccino intensi discorsi esplorativi escludendo il Presentatore che, se ben educato, si allontanerà in punta di piedi e a capo chino.

DEGLI AUGURI

PREMESSA STORICA

Secondo alcuni Autori, il tema dell'Augurio, sia esso scritto, sia a voce, sarebbe una sottospecie del Saluto (v.). Altri lo considerano invece un rituale originario, distinto dalla pratica del salutare, avente finalità, manifestazioni e regole specifiche proprie. Nel dubbio – ché la controversa questione tale rimane – tratterò dell'argomento in questo capitolo aggiuntivo a quello specifico del Saluto.

Filologicamente l'Augurio è il risultato che persona deputata, detta *àugur* presso i Latini, proclamava dopo complessi rituali di consultazione dei voli degli uccelli, delle viscere d'animali sacrificali ecc. Poiché la maggior parte degli utenti del pubblico servizio degli àuguri chiedeva, pagando, notizie sulla propria salute, finì per assumere quel significato che oggi noi attribuiamo a questo termine, anche perché i ben pagati àuguri si guardavano bene dal formulare cattivi pronostici, sia pure ai moribondi.

Naturalmente vi erano anche i *mali àugures:* persone disdicevoli che facevano – anch'essi a pagamento – cattivi auguri.

Tali furono l'Augure Atto Navio, un notissimo prestidigitatore, rimasto famoso per aver fatto perdere la faccia a Tarquinio Prisco.

Simile fu **la Pizia che a Delfi**, congruamente pagata da Serse, predisse la sconfitta degli Ateniesi e la distruzione della loro Polis, salvo poi, meglio remunerata da Temistocle, aggiungere al malaugurio la scappatoia del muro di legno, onde seguì la vittoria di Salamina.

Tale fu, ai tempi del Principato, il funesto Pescennio Niger, famoso iettatore e negromante.

Presso gli Antichi Romani, in realtà, quel che noi oggi intendiamo con la parola Augurio, coincideva con il Saluto che, come abbiamo più sopra osservato, era appunto un "Augurio" di buona salute. Si diceva, per salutare: *"Bene"*, ovvero, per fare un ambiguo complimento a una bella signora: "*Domina, bene, qui dor-*

miat tecum..." ("beato chi dorme con te!").
Ogni mattina i Romani facoltosi si compravano una buona dose di "Auguri". Quando si svegliavano, lo schiavo *hostiarius* apriva il cancello o la porta della *domus* dando un'occhiata severa alla piccola folla che si assiepava in prossimità della soglia; avvisava il Padrone (propriamente *patronus*) che scendeva e si mostrava alla moltitudine dei suoi *clientes*, i quali, in coro e gareggiando fra loro, gli facevano ogni mattina mille "Auguri" di buona salute. Quella cerimonia quotidiana si chiamava *salutatio* (non *auguratio*!), ed era retribuita con un fagottino contenente cibarie o piccole somme di danaro, denominato *sportula.*

In buona sostanza, quando oggi parliamo di "Auguri", ci riferiamo a quella che era per gli antichi la *salutatio,* con il qual termine designiamo invece le manifestazioni d'apparente affetto che si scambiano due conoscenti quando s'incontrano.
Ognun vede come risponda a criteri di sana economia aver recuperato la parola "Augurio" che altrimenti, una volta scomparsi i cerimoniali mantici che ne erano il presupposto, sarebbe andata sprecata (il suo significato originale si conserva tuttora nelle espressioni "è di buon augurio, è di cattivo augurio", con le quali, improvvisandoci àuguri, traiamo pronostici dal vino versato sulla tovaglia, dal sale caduto a terra, dal gatto nero che attraversa la strada ecc.).
Al giorno d'oggi, formalmente, non ci sono più né *patroni* né *clientes*, e quindi quell'antica cerimonia mattutina è obsoleta e dimenticata; nella nostra aurea, progressiva democrazia, ripugna a tutti l'implicita manifestazione di servaggio di quel barbaro costume. Se ne giovavano allora i *potentiores* romani per verificare e dimostrare qual seguito avessero, per misurare la loro popolarità e la loro *auctoritas.*
Oggi, invece, le clientele non sono costrette alle quotidiane *salutationes,* non ricevono più l'umiliante *sportula,* ma pagano in tangenti e voti i supposti benefici che il *patronus* (detto anche "Segreteria di Partito") elargisce loro sotto forma di promesse.

L'Augurio

Gli Auguri si distinguono in:

- Auguri in occasione di festività;
- Auguri in occasione di matrimoni, nascite, compleanni, onomastici, anniversari, nozze d'oro o d'argento,

comunioni, lauree e altre ricorrenze cerimoniali;
- Auguri di guarigione;
- Auguri di buona caccia;
- Auguri floreali.

Auguri in occasione di festività

È d'uopo che il Perfetto Gentiluomo conosca a perfezione la subietta materia. Sappia che, nell'uso sociale, **la categoria dell'Augurio prescinde in genere da vincoli d'affetto e/o simpatia**.

A Natale, Pasqua, Capodanno, gli Auguri sono dovuti dall'inferiore al Superiore (ancorché odiato), e dall'umile al potente; mai viceversa.
Fra persone di pari dignità è questione tra gli studiosi se corra o no l'obbligo d'Augurio. Consigliamo, in siffatta evenienza, di non trasmettere Auguri, giacché si correrebbe il rischio, non incrociando il reciproco e, peggio ancora, ricevendo il suo successivo "p.r." (v. alla voce Regali, per l'interpretazione di questa criptica cifra), di divenire inferiori. In alternativa i due Auguranti pari grado possono, previo accordo, scambiarsi contestualmente gli Auguri, a voce, o meglio ancora, per iscritto.

Il Prefetto di ***, avendo a cura il benessere dei Popoli affidatigli ed essendo cosciente, per la sua carica, dell'insidioso problema, inventò negli anni Sessanta la c.d. "Cerimonia degli Auguri". Nei sontuosi locali della Prefettura furono convocati tutti i maggiorenti della Provincia e costretti, sotto lo sguardo severo di esso Prefetto e della "Sua Signora", ad augurarsi reciprocamente "Buon Natale" e "Buon Anno". Quindi, ripristinando antiche consuetudini, agli ospiti furono elargite, a mo' di *sportula*, ghiotte vivande in *self service*. Quando si aprirono le ben sorvegliate porte della "Stanza dei Rinfreschi" gli invitati, prostrati da ore di attesa in vani conversari, si precipitarono da buoni e veri bagolardi[1] sulle tavole sontuosamente imbandite.
Ognun vede oggi come l'illuminata invenzione di tale inusitata cerimonia si sia dimostrata di grande utilità e conforto, e quanto giusto sia che ne venisse adeguato riconoscimento all'inventore.
Fu così istituita una tassa che ogni ospite ancor oggi deve versare e, collettivamente convertire in prezioso Regalo per la "Prefettessa", detta anche, in volgare, "La Prima Signora della Provincia".
Invalso l'uso della "Cerimonia degli Auguri", il problema cui abbiamo accennato può considerarsi definitivamente risolto, anche con felicità del Popolo cui si dà occasione di veder sfilare maggiorenti e riverite consorti in abito griffato all'entrata e all'uscita dal Palazzo.

Auguri di Natale e Pasqua

Per quel che si deve, e per il come, in occasione di queste festività v. anche alla voce "Regali".

È d'uopo che **il Perfetto Gentiluomo compili anzitutto un elenco delle persone** cui è tenuto a inviare gli Auguri. Quest'elenco non sia in ordine alfabetico, ma secondo l'importanza relativa degli Augurati, talché le formule augurali possano essere graduate secondo la posizione dei destinatari nell'elenco.

Per il primo in lista si compilerà un commovente biglietto autografo nel quale dovranno obbligatoriamente comparire le formule: "Santa Ricorrenza, nella felice occasione del Santo Natale/Santa Pasqua... a Lei e famiglia... auguro... ecc.", seguite dalla firma per esteso.

Per l'ultimo in lista si userà un biglietto da visita completamente titolato, con l'autografo "p.a." (v.) e rigorosamente senza firma.

Taluni di quei fortunati che possiedono innato l'animo gentile e il senso spontaneo dell'eleganza e della buon'educazione usano far compilare a macchina e ciclostile i biglietti d'auguri, facendoli poi imbustare e spedire da impiegati addetti alla bisogna.

Non vi è nulla di più gratificante per il Ricevente che vedersi recapitare uno di tali dattiloscritti che dimostrano la cura, la sollecitudine e la buona disposizione d'animo del Mittente nei suoi confronti, nonché la sincera affettuosità degli Auguri.

Dalla tipologia di biglietti augurali preconfezionati devesi trarre il buon esempio.

Alcuni fanno collezione di tali messaggi: non è difficile trovarne a buon prezzo nei mercatini d'antiquariato. Particolarmente apprezzati, anche se non rari, quelli redatti su carta intestata della Camera o del Senato della Repubblica.

Quanto all'Augurato, **si pone qui la problematica della risposta o del ringraziamento**.

Secondo la Scuola di Jena a ogni biglietto ricevuto se ne deve un altro di ringraziamento e contraccambio, ma ognuno sa come in quella scuola i precetti risentano dell'ottusità e del bisogno di precisione propri della cultura teutonica. In effetti, nell'elaborare quella regola non si è tenuto conto dell'aggravio per il servizio postale – quindi, del danno finanziario per la collettività – ma, vieppiù, dell'affaticamento dei Riceventi, che devono aprire e interpretare quei biglietti, spesso con firma siglata e illeggibile.

Si pensi al caso del Deputato che, dopo aver inviato gli auguri su carta intestata della Camera a tutti i suoi Elettori, si vede inondato dall'immenso flusso postale di ringraziamento, rischiando così di esser distratto dai suoi pressanti impegni di Legislatore.

Secondo le conclusioni cui sono pervenuti i Relatori incaricati dall'Associazione degli Amici delle Lingue Romanze – alla quale personalmente aderisco – ai biglietti augurali non si risponde, salvo specifiche eccezioni *ad personam.*

Il protocollo di comportamento elaborato dalla suddetta Associazione vuole che i biglietti d'Augurio ricevuti siano accuratamente custoditi per venti giorni (tempo utile per la risposta di ringraziamento, quando dovuta) e mostrati ad amici e conoscenti con il commento di prammatica: "Devo rispondere a tutti questi auguri…" sospiro "… ma, sai, nella mia posizione…".

Naturalmente all'amico si mostrerà il cumulo dei cartoncini realmente recapitati cui si sarà avuto cura di aggiungere congrua quantità di falsi biglietti in bianco, ovvero pacchi di auguri ricevuti negli anni precedenti. Più carte saranno esibite e più crescerà la considerazione altrui.

Alcuni tengono il mucchio dei biglietti augurali in bella mostra su un vassoio d'argento nell'ingresso della loro abitazione.

Il ventunesimo giorno i messaggi saranno distrutti (o accantonati per lo scopo di cui sopra). In caso – improbabile – di rimostranze, si giurerà di aver risposto e si attribuirà o-

gni colpa al servizio postale. La formula di riscontro, ove s'intenda privilegiare taluno, sarà, immancabilmente, il classico "p.r.".

È usanza desueta, propria di gente incolta, rispondere diffondendosi con rendimenti di grazie in forma autografa.

Auguri per anniversari, compleanni, comunioni, lauree e occasioni speciali

Un tempo, in siffatte occasioni, l'Augurante s'industriava a render felice la ricorrenza dell'Augurato mercé prolissi voti. Si giunse al punto, come vedesi nei nostri archivi fra le carte conservate del XVIII e XIX secolo, nonché nelle incorniciate stampe di molti salotti odierni,

che gli Auguranti, vuoi per ingegno proprio, vuoi mediante quello di prezzolati verseggiatori, compilassero e facessero rendere a stampa il "Sonetto Augurale" del quale, di prima mattina, facevan omaggio all'Augurato, declamandolo poi durante i rinfreschi e diffondendolo eziandio fra i loro pari della buona società.
Il Contino Giacomo Leopardi, antesignano per tanti versi dei tempi moderni, per primo condannò pubblicamente tale usanza e sempre si rifiutò di comporre rime d'occasione.[2] Malgrado la personalissima opinione del Conte Giacomo Leopardi, tenuta dai contemporanei per singolare manifestazione maniaca di quell'estrosissimo genio, il Sonetto Augurale (con preferenza per il "Sonetto Caudato" che, essendo più lungo, meglio lusingava frustrate ansie letterarie), ebbe larghissima diffusione. Ancor oggi costituisce una raffinata forma d'arte da collezionare per la bellissima carta, ornata da ingegnose cornici a stampa con le quali ammirevoli tipografi ingentilivano i rozzi e pedissequi componimenti.

Caduta la plagiaria, barbara usanza che più lusingava gli Auguranti che gli Augurati, **oggi s'usa affidare i sentimenti festosi per l'altrui giorno felice a più estemporanei "media"**.
Una Telefonata (v. oltre), possibilmente in ore antelucane, sì da segnare gioiosamente fin dal momento dell'annunciante albèdine il fausto giorno, esprima al festeggiato i sentimenti nostri.
Sia nel telefonico Augurio prodigalità di voti, e mai manchi, specie se l'Augurato è donna e ne ricorre il dì natale, l'accenno all'età compiuta da lei o – meglio ancora – l'insistente, affettuoso richiedere qual sia l'esatto numero degli anni. A voi Auguranti, allora, tutta si rende l'Augurata, commossa e grata, e l'età sua rivela. Sarà gran cosa, poi, tanto svelare agli amici, ovvero, se l'età fu mentita, narrare, cristianamente compatendo, della menzogna.

Un caso a sé è rappresentato dagli **Auguri che una donna sia costretta a fare ad amica notevolmente più giovane**. Questa drammatica circostanza fu già rappresentata da Ovidio: «*Magna superstitio tibi sit natalis amicae...*». Nemmeno quell'illustre e compitissimo Gentiluomo riuscì a escogitare consiglio alcuno, finendo per ammettere sconsolatamente che, in tale circostanza, non c'è nulla da fare e che bisogna rassegnarsi, nell'infausta ricorrenza, a far Doni e formulare Auspici.
Tuttavia, l'odierna diffusione delle pratiche di chirurgia plastica permette d'attenuare la triste bisogna. Si può, infatti, nel porgere gli Auguri, prendere a pretesto l'avanzare dell'età, suggerendo all'amica il rifa-

cimento del naso, la suzione dei cuscinetti di grasso in eccesso ecc. con frasi appropriate: "Sei così giovane e bella... Devi aver più cura della tua persona... Gli anni passano... Bisogna prevenirne i danni... Alla tua età bisogna fare ogni sacrificio... Tu che sei tanto più giovane, hai il dovere di conservarti come me...".

Il Perfetto Augurante tenga precisa agenda giornaliera ove sia segnata ogni utile ricorrenza di parenti, amici e conoscenti. Saprà egli, sollecito sempre, l'esatta età degli Augurati che dedusse dal servizio anagrafico, e di tal conoscenza farà uso per i graziosi fini sopra trattati.

In occasione di nozze, battesimi, comunioni ecc. è sempre di gran classe ricevere e dar lettura del telegrafico "Augurio Pontificio". Questo si ottiene previo versamento di congrua somma sull'apposito c.c.p. della Banca del Vaticano, intestato "Auguri Pontifici".

In altre consimili circostanze si possono parimenti ricevere, non a pagamento ma con autorevoli raccomandazioni, auspici telegrafici di Ministri, Prefetti, Senatori ecc.

Di questi Auguri si farà raccolta al fine di esibirli nella stanza deputata al "Rinfresco", ove saranno bellamente disposti in appropriata bacheca, sì che gli ospiti godano dell'edificante lettura.

AUGURI DI GUARIGIONE

In occasione di malattia di congiunto, amico, conoscente, sono dovuti specifici e adeguati Auguri di Pronta Guarigione.

In questi casi gli auguri saranno sempre fatti di persona, mai per lettera o biglietto.

È ammesso l'Augurio Telefonico soltanto ove l'Augurato sia in grado di rispondere personalmente.

La ragione dell'Augurio diretto è che esso è l'unico modo per conoscere le reali condizioni dell'amico malato, trarre personali pronostici, essere in grado di riferire, compatendo, sul di lui stato di salute a quanti siano comuni conoscenze.

Poche cose sono altrettanto gratificanti quanto il poter divulgare, descrivendo con dovizia di particolari e per scienza diretta, le disgrazie altrui, formulando le peggiori prognosi. È frequente il caso di persone affette da banale influenza stagionale che, dopo la visita dell'amico, risultano nella voce pubblica colpite nell'ordine da:

- Cancro al polmone;
- Fase terminale da HIV;
- Cancro al colon con distruzione dello sfintere anale;
- Idem alla vescica ecc.

È statisticamente provato che la velocità di propagazione delle notizie di malattia riguardanti persona nota è pari a 2/3 circa della velocità della luce, e che il trasferimento del rag-

guaglio da bocca a bocca determina in modo esponenziale l'aggravamento della malattia.
Chi, tramite gli Auguri di Guarigione, abbia avuto diretta conoscenza dello stato dell'infermo, cresce vertiginosamente d'importanza nella pubblica opinione.
Illustri antropologi ritengono che constatare e raccontare le altrui patologie abbia anche una provata funzione scaramantica.

Gli Auguri di Guarigione **debbono infallibilmente essere fatti al malato entro termini rigorosi**: non oltre le dodici ore da un'operazione chirurgica ed entro ventiquattro ore in caso di malattia con allettamento. La sollecitudine dell'Augurante rende felice il Paziente che vede un volto amico, e quasi si sente tornare al mondo sostenendo una Conversazione (v.) nella quale egli è tenuto a descrivere ogni più piccolo particolare anamnestico e sintomatico non appena affiora dalle brume dell'anestesia, oppure mentre è in preda a una febbre da cavallo.

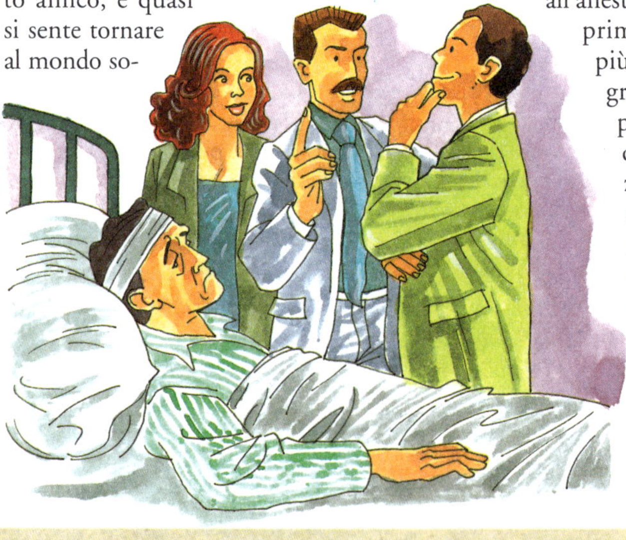

Poiché una personale esperienza conforterà il Lettore, sappia che chi scrive, in occasione dell'unico ricovero ospedaliero subìto in vita sua, ha un grato e indelebile ricordo di quel medico primario che, dopo aver messo fuori combattimento i congiunti di guardia alla porta, si precipitò nella sua stanza a far gli auguri in veste d'amico proprio nel momento in cui si attendevano gli effetti di un clistere che risolvesse il c.d. "ileo paralitico" conseguente all'anestesia. Fu quegli il primo Augurante, il più sollecito, il più gratificato, perché poté vantare una diretta conoscenza delle sue condizioni e riferirne con gravità e competenza a chiunque.

Gli Auguri di Guarigione **sono anche una ghiotta occasione sociale**

nel caso che più visitatori s'incontrino al capezzale di taluno: quale e quanto festosa assise dei vocianti amici intorno al doloroso letto!
Persone incolte, non educate, timide, sono quelle che credono esser la malattia non un fatto sociale ma privato. Stanno nell'ombra in trepidante attesa che l'amico malato esca dalla camera operatoria e si eclissano appena avvisati che tutto è andato bene, traggon notizie non dal malato stesso, ma da medici e parenti e, soprattutto, deplorevolmente reticenti, non dicono quel che sanno a chicchessia riuscendo – financo! – a mentire quando loro si domanda notizia dell'infermo.
Si dice che fra questi i peggiori siano usi anche a pregare segretamente per la guarigione dell'amico e che, incontrandolo finalmente risanato, non fanno cenno del male trascorso se lui stesso non ne parli.

In occasione degli Auguri di Guarigione, **l'Augurante ben educato avrà cura di enumerare all'ammalato tutti i casi a sua conoscenza d'analoga patologia od operazione**, insistendo particolarmente sulle seguite invalidità permanenti e sui decessi, non trascurando, tuttavia, d'assicurarlo che guarirà completamente, malgrado si sia affidato a un medico, o chirurgo, non dei migliori...

AUGURI DI BUONA CACCIA
Sopravvive una vasta categoria, per lo più maschile, di persone che usano, nelle domeniche estive e autunnali, indossare elaborati costumi alle quattro del mattino, uscire da casa a quell'ora antelucana e portarsi, fucile al braccio e cane al fianco, in selvaggi terreni e scoscese montagne ove fanno merenda e poi s'inebriano al suono d'inutili fucilate.
Quest'esercizio (vivamente consigliato dai fabbricanti d'armi della Val Trompia), risulta molto utile a osti e trattori di campagna che, altrimenti, non avrebbero di che sopravvivere, nonché al furbo contadino sempre pronto a vendere a carissimo prezzo un fagiano ben allevato spacciandolo per ruspante o una forma di cacio presunto pecorino, in realtà acquistato al più vicino CONAD. Rimango-

no invece perplessi i peregrini e smaliziati uccelli che osservano ben nascosti, pazienti e rassegnati, le goffe mosse dei fieri cacciatori. Trattasi di un rituale antichissimo, risalente a tempi nei quali l'uomo armato di pietre e frecce si misurava con la fiera, e non sempre ne usciva vincitore.

Come tutti i cerimoniali, la caccia ha regole precise: il cacciatore ben educato non punta mai il fucile contro un altro cacciatore se quegli non è ben nascosto dietro un albero o un cespuglio (c.d. "Rito dell'Incidente di Caccia"); ogni cacciatore è tenuto a portare in evidenza una bandoliera con almeno ottocento lucide cartucce, anche se sa a priori che non sparerà nemmeno un colpo utile.
In realtà tutta la liturgia è finalizzata al racconto collettivo delle imprese compiute nel tempo in cui c'era ancora la selvaggina; racconto da farsi al termine della giornata in luogo acconcio ove siano numerosi gli attoniti ascoltatori.

La cerimonia della caccia è molto utile ai mariti avari di virili slanci di casereccio erotismo: i tapini, dovendosi preparare il giorno prima ed essendo stanchi il giorno dopo, hanno diritto a eludere il debito coniugale del *week-end*.

Fra le principali regole rituali della caccia c'è la Cerimonia degli Auguri. **È assolutamente proibito** – e qualifica come maleducato e peggio chi lo fa – **formulare l'Augurio di "Buona Caccia!"**. Si dirà, invece: "In bocca al lupo" o, più incisivamente e cameratescamente: "In culo al lupo!".
È d'uso anche la Danza Augurale, che il Cacciatore pratica sulla soglia di casa al momento di uscire nella notte, saltellando tre volte, toccandosi ripetutamente i testicoli e pretendendo di toccare il fondo schiena dell'assonnata consorte: il tutto per fini apotropaici e propiziatori.

Auguri floreali

L'Augurio può anche esser fatto con l'invio di fiori. Sconsiglio tuttavia il ricorso a tale mezzo che, in primo luogo, grava le finanze dell'Augurante (conosco modesti impiegati che per far gli Auguri alla Gentile Signora del Capo Ufficio in atto di compiere gli anni, ordinarono l'invio di un mazzo di rose tramite Interflora e furono poi costretti per soddisfare l'avido fioraio a contrarre il famigerato "Piccolo Prestito", incubo dei colletti bianchi e delle mezze maniche fin dai tempi di Monsù Travet); in secondo luogo siffatta pratica ha in sé un qualcosa di supponente, di esasperata, estenuata affettuosità che mal si addice al contegno del vero Gentiluomo.
In ogni caso, chi si volesse incauta-

mente avventurare nell'Augurio floreale, sappia che deve primieramente rendersi padrone della materia frequentando costosi corsi di specializzazione universitaria (Facoltà di Lingue Straniere: Dipartimento Linguaggio dei Fiori e delle Piante Ornamentali), quindi, una volta edotto del significato recondito di ciascuna differente specie fiorita e di ogni possibile diversità di colore, osare l'invio.

Si sa che, fin dalla più remota antichità, **alle singole varietà e molteplicità dei fiori furono attribuiti precisi significati semantici**: il lugubre asfodelo, l'evangelico ramo di palma, l'erotico mirto, la romantica ninfea, il glorioso alloro, la saffica viola parlavano, per così dire, da soli.

Il linguaggio dei fiori ha avuto anche un posto nella Storia: i Gigli di Francia, la Ginestra dei Plantageneti e poi le Due Rose in guerra sono una floreale nota che ingentilisce le feroci vicende umane.

Nel 1815 la spietata censura imposta dai monarchici *revenantes* fu vinta dagli umili mazzolini di violette esibiti all'occhiello da ufficiali a mezza paga e da romantiche giovanette di buona famiglia. Quei mazzetti profumati dicevano: "Quando, a marzo, noi fioriremo nei boschi, l'Imperatore tornerà."

Per non citare, restando nel campo della politica, i più recenti garofani, e rose, e foglie d'edera, e querce, e olivi e trifogli che suppliscono con il loro esplicito linguaggio alla povertà di mezzi espressivi di quanti, alla loro ombra, campan la vita facendo i parlamentari in questo o quel consesso.

L'Augurio floreale è particolarmente ambito dal genere donnesco.

L'Audace Gentiluomo che voglia temerariamente far quest'Augurio, manderà dodici rose rosse alla moglie del suo miglior amico (ma farà bene a lasciar anonimo il passionale messaggio, specie se, da grande esperto del linguaggio dei fiori, avrà inviato un mazzo di quella partico-

larissima varietà dagli estenuati petali, detta "rosa puttanina").
Le procaci orchidee sono invece indicate alle giovani comunicande, le bianche margherite sono adatte al Capo Ufficio recentemente promosso, il mazzo di miosotis ("non ti scordar di me") va mandato all'ex fidanzata il dì delle sue nozze.

Il fiorito *bouquet* è principalmente adatto alle puerpere e ai malati in genere; in queste circostanze si sceglieranno fiori intensamente profumati, sì da render odorosa e gradita l'atmosfera dell'altrimenti disadorna stanza di degenza ospedaliera. Nessun conto deve farsi dell'inevitabile introduzione di cariche batteriche, probabili infezioni e conseguenti crisi d'asma del neonato o dell'infermo, poiché soccorrono a tanto antibiotici e cortisone.
Con la loro opulenza i fiori saranno di per sé Augurio di guarigione, giacché la persona risanata è naturalmente paragonabile a un fiore: «Torna a fiorir la rosa / che pur dianzi languìa...».
Il mazzo di fiori è altresì utile e gradito poiché consente l'immediato "Riciclaggio" (v. alla voce "Regali") che si attua offrendolo all'infermiera di turno o inviandolo alla cappellina dell'ospedale. Con ciò si risparmiano anche mance ed elemosine.
In tutti i casi è indice di rozzo sentire e scarsa educazione scegliere personalmente i fiori da regalare e accompagnarli con proprio biglietto manoscritto. Il Vero Gentiluomo ordina l'invio dei fiori all'indirizzo dell'Augurato, dettando telefonicamente l'Augurio (v.) e il proprio nome al fiorista, sì che l'omaggio arrivi accompagnato da biglietto pubblicitario con dedica autografa del fioraio stesso.

DEL COMPORTARSI AMABILMENTE NEL CONVERSARE

GENERALITÀ

Non è controverso fra gli studiosi che, proprio **nel Conversare, si palesa inevitabilmente il possesso o meno di un'amabile educazione e l'innata o acquisita dote delle buone maniere**. Non a caso, uno dei più antichi miti fra quanti ne consegnarono ai posteri gli Elleni, narra della famosa Conversazione fra il re Mida e il Sileno, onde conseguirono la liberazione di quell'ibrido caro a Diòniso e l'ambigua sorte di Mida.

In tempi men leggiadri dei nostri, nel XVIII secolo dell'Era Cristiana, la Conversazione assurse a vera arte, con precise, ineludibili regole. Potremmo citare – ma ne faremo grazia al tediato Lettore – numerose dame che entrarono nella Storia per aver saputo gestire in maniera perfetta salotti di conversazione, vanto della Francia e ammirazione dell'Europa tutta.

Valga il ricordo di *M.me* di Pompadour che ebbe nel suo salotto Voltaire, il prediletto, che per lei scrisse: «… *Ainsi donc vous réunissez / toutes les artes, tous les goûts, tous les talents de plaire*». Crébillon padre, Buffon, Montesquieu, Diderot, Marmontel, D'Alembert, perfino l'ombroso Rousseau, furono rapiti dal fascino della sua conversazione. Il rude Gian Giacomo non seppe dire di no quando *Madame* gli chiese di modificare una frase della *Nouvelle Eloise:* «*La femme d'un charbonnier est plus digne de respect que la maîtresse du roi*», acconsentendo a declassare *le roi* in un principe qualsiasi.

Fu dalle conversazioni elegantemente condotte in tali salotti che zampillarono definitive critiche teatrali e letterarie, ideologie politiche e, per ultima, la Grande Rivoluzione.

Riassunti e divulgati dalle fameliche Gazzette, i giudizi, le battute di spirito, le analisi d'intricate questioni politiche e via dicendo, correvano per l'Europa, davano fama imperitura a questo o quel conversatore, provocavano il Rovesciamento delle Alleanze, la disgrazia di un Ministro, e spezzavano, anche, cuori non soltanto giovanili, aggiungendo un fascino nuovo e irresistibile alle naturali doti di aspiranti all'amore.

Nessuno pensi che per eccellere in quella sottile arte occorresse infaticata, torrenziale oratoria; al contrario! Il Perfetto Conversatore era quegli che, nel momento opportuno e davanti a un pubblico competente, sapeva pronunciare la giusta osservazione nei più concisi quanto calzanti termini, secondo l'antica massima: «La vera eloquenza consiste nel dire tutto il necessario e solo il necessario».

Si dice che il Signore di Talleyrand, che ebbe fama di conversatore piacevolissimo e attento ai dettagli (come tale lo tenne indispensabile lo stesso Napoleone), fosse capace di

passar settimane intiere chiuso in casa, senza frequentare alcuno, intento a studiare ed elaborare fulminanti giudizi su un qualche argomento d'attualità. Quando riusciva nel proposito, si recava nel più prestigioso salotto di Parigi e, al momento propizio, lasciava cadere la breve frase sì a lungo studiata, ammutolendo i presenti.
Quella frase rimbalzava sulle Gazzette, faceva il giro d'Europa e assicurava al Nostro imperitura nomea di Grande Conversatore.
L'Arte della Conversazione raggiungeva così il suo culmine, portando a compimento la nota argomentazione socratica, filtrata da Platone, per la quale lo scopo d'ogni Conversazione è di far emergere una definitiva quanto semplice Verità.

Tuttavia, a onor del vero, pure in quella felice epoca non tutti si comportavano da educati Conversatori, come dimostra questa massima del XVIII secolo: «Uno dei motivi per cui si trovano poche persone ragionevoli e gradevoli in conversazione, è che non vi è alcuno che pensi a rispondere esattamente a ciò che gli si dice, più che a quello che vuol dire. I più destri e i più compiacenti mostrano un aspetto attento ma, nello stesso tempo, rivelano attraverso gli occhi che la loro mente è distratta dalla fretta di ritornare a ciò che vogliono dire; essi non considerano che cercare di compiacere tanto a se stessi è un cattivo mezzo per piacere o persuadere gli altri, e che ascoltar bene e ben rispondere è una delle più grandi perfezioni che si possano avere nella conversazione».

Quanto ai modi, la Conversazione era allora soggetta a regole assai rigide, violando le quali era assicurata la fama d'inguaribile cafone e il conseguente esilio dai salotti. Era d'uopo parlare con frasi compiute, e con naturalezza trattar in modo lieve e scherzoso questioni di gran momento; con tono grave, invece, questioni futili. Battute facete sui soldati caduti nella guerra dei Sette Anni o sulla tratta degli schiavi erano d'obbligo, ma nessuno poteva permettersi di celiare su argomenti riguardanti la moda o altre frivolezze.
La povera Maria Antonietta si attenne alle regole della Conversazione. Quando udì il popolo che schiamazzava sotto le finestre del Castello di Versailles, domandò a un cortigiano: "Ma cosa vogliono dunque?". Alla risposta del Gentiluomo: "Maestà, hanno fame, non hanno più pane", la Regina, sorridente e convinta d'essere approvata dai raffinati aristocratici che l'attorniavano, non si lasciò sfuggire l'occasione ed esclamò: "Non hanno pane, dite? E allora date loro delle *brioches!*".
Purtroppo i rozzi sanculotti non potevano capire l'arguta *boutade* e in-

vasero il Castello per riportare a Parigi la "Fornaia", forse credendo seriamente che il terzetto reale (da loro chiamato scherzosamente, appunto, il Fornaio, la Fornaia e il Garzone) avrebbe fatto sfornare gustose *brioches* al posto dell'usato – e raro – pane di segale.

Il già citato signore di Talleyrand dimostrò a un suo grossolano ospite in che consistesse l'oggetto di una Conversazione e come alla stessa si potesse, con frivola eleganza, dar inizio. Vedendo che il suo invitato aveva inghiottito d'un fiato un bicchiere di prezioso cognac imbottigliato anteriormente al Primo Console, gli mostrò come si versasse lentamente quell'aureo distillato, come si scaldasse con le mani a coppa sul panciuto cristallo, e si facesse ruotare, e si annusasse l'aroma socchiudendo gli occhi; posò quindi il bicchiere sul tavolo senza bere. L'ospite, che aveva seguito incantato tutte quelle manovre, domandò a quel punto: "E poi che si fa?". Il signore di Talleyrand lo squadrò freddamente e rispose sollevando il sopracciglio: "E poi se ne parla, signore…".

Più che nelle opere letterarie e filosofiche, le grandi qualità della *Clarté* e dell'*Esprit de finesse* raggiunsero le vette più eccelse nel Conversare. Si può affermare, a riprova, che l'intiera opera di Voltaire, per lo stile e per il tono, è un immenso, sublime brano di Conversazione.

Tuttavia, già alla vigilia della Rivoluzione, regole nuove, anticipatrici del nostro tempo, cominciavano a imporsi fra i più raffinati e avveduti. Valga per tutti il seguente aneddoto.

Il Duca di Richelieu, nipote del Gran Cardinale, noto quale geniale inventore della salsa maionese, giudicato il Perfetto Gentiluomo del suo tempo e soprannominato "Monsignor Etichetta" per la compiuta

conoscenza d'ogni regola del Galateo di Corte, assisteva una sera da un palco dell'*Opéra* all'esibizione di una famosa ballerina.
In piedi nel *parterre* – all'epoca non si usavano poltroncine nelle platee dei teatri – stava il signor Giacomo Casanova, anch'egli tenuto a simbolo della *gentilhommerie.* Il famoso libertino si lasciò andare a far le lodi della ballerina ad alta voce e Richelieu, interpellandolo dal palco: "Signor Casanova" gli disse "mi meraviglio che un intenditore qual voi siete non abbia notato che costei ha le gambe un po' storte". "Signore" ribatté, pronto, Casanova "questo non l'ho notato perché io, a differenza di voi, le gambe delle donne non mi fermo a guardarle, ma le allargo…".
Ecco, dunque, come dimostra questo storico episodio, che il Conversare si evolve verso non cerebrali, ma concrete, immediate forme di critica ai difetti fisici delle persone, brillando per l'elegante allusione a personali *défaillances*[3] fino a vantare, *coram populo*, promesse di scontati stupri.
Ognun vede quanta modernità, che schietta sincerità, quale concretezza, qual bando di falsi pudori nel comportamento di quei due singolari personaggi al cui insegnamento dovrà attenersi il Perfetto Gentiluomo moderno.

Geniale anticipatore – come per tante altre cose – degli odierni costumi, fu il Grande Napoleone. In una celebre Conversazione che ebbe con Talleyrand prima di licenziarlo dal Ministero degli Esteri, costrinse l'uomo politico a subire il suo torrenziale discorso per tre ore filate, dandogli sulla voce ogni volta che quegli accennava a interloquire e gratificandolo con militaresca prosa di giudizi tipo: "Siete solo merda racchiusa in una calza di seta…".
Quando Talleyrand uscì dal gabinetto dell'Imperatore, trovò l'anticamera affollata di cortigiani che avevano golosamente orecchiato. Si guardò intorno e, con il ghigno che gli era consueto, commentò: "Peccato che un così Grand'Uomo sia tanto maleducato".
Talleyrand, tipico passatista esponente dell'*Ancien Regime,* si sbagliava grossolanamente: la veemenza, la schiettezza, la scelta dei termini appropriati che avevano caratterizzato il discorso di Napoleone anticipavano le odierne, elegantissime forme della Conversazione, quali le ascoltiamo divulgate quotidianamente dagli schermi televisivi a edificazione e insegnamento della nostra rozza gioventù.

Di maggior momento, e anche qui è d'obbligo riferirsi alla lezione televisiva, **la tecnica della Conversazione**. Non si cada nell'obsoleto formalismo delle chiacchiere settecentesche, quando era d'obbligo parlare uno per volta, esporre ragionate argomentazioni con appropriato lessico e compiuta sintassi, ascoltare, ritenere, attendere il proprio turno per ribattere con fermezza e cortesia, cercando di superare l'interlocutore per virtù d'ingegno, cultura, preziosità d'eloquio, sapendo tacere e ascoltare e godere del Conversare altrui (ché anche questo, il tacere ascoltando, è un modo di partecipare alla Conversazione).

Per sondare l'abisso che ci separa da quella barbarie ecco una risibile massima dell'epoca, anzi di qualche tempo prima: «Non vi è meno eloquenza nel tono della voce, negli occhi, nell'atteggiamento che nella scelta delle parole».

Si voglia, invece, al passo con i tumultuosi anni che scandiscono il nuovo millennio, far coro di più voci, e **più riceva lode chi gli altri sovrasta per forza di polmoni**; si stronchi con l'ingiuria il discorso altrui, s'interrompa il dire di chi osa tener cattedra al nostro cospetto, si denuncino e si deridano quanti, anziché esporre la propria opinione con spocchiosa e petulante saccenteria, cercano di costruirla con ragionamenti e confortarla con autorità di fatti e di studiosi.

Vero e gratificante Conversare è quando, in consesso d'amabili Gentiluomini e Gentildonne, tutti parlano contemporaneamente, troncano il discorso altrui e fanno gran festa di voci.

Del lessico da usarsi nel Conversare

Certamente a ogni persona si addice un personal modo di parlare, che ne riveli il carattere e la specifica cultura e ne mostri in qualche modo quella che dicesi "la Personalità". In questo, ognuno stia sul suo e non accetti altrui consiglio.

Conosco persone che, venendo da agricole province della Terronia in quel di Milano, quando tenevasi tale città – non ancor affetta da leghismo dichiarato – come Capitale Morale e Progressiva, volendosi scrollar di dosso ogni rustico accento, s'industriarono ad assumer quello meneghino (c.d. "birignao") che suona sì naturale ai fini dicitori del Porta e agli indigeni lombardi. Or è che tali persone, che tengon se stesse per compite e ricercate, trascorso quasi l'arco di una vita nel Milanese, quando parlano paion recitare, suscitando curiose e perplesse reazioni in chi ascolta. **Non cerchi alcuno di correggere fittiziamente il proprio *naturaliter***, coltivi senza timore e conservi il vago accento assunto nell'infanzia, ché pur sempre, da ogni regione della nostra terra, traggonsi legittimi motivi d'orgoglio: «L'accento del paese natale rimane nell'intelletto e nel cuore come nel linguaggio».

Del resto, il provinciale atteggiarsi a parlar straniero, ìndice sempre d'incultura e volgarità, è usanza antica già condannata da Marziale: «*Nam quid rancidius, quam quod se non putat ulla / formosam, nisi quae de Tusca Graecula facta est*».

Altra cosa è **la scelta dei termini da usare nel discorso**: essa richiede non istinto, ma studiata consapevolezza. Riservando ad altro tomo un Vocabolario del Perfetto Conversatore, detteremo qui poche auree ed esemplari regole.

• Non si faccia **mai discorso costruito su soggetto, verbo, complemento oggetto**, perché questa è obsoleta abitudine che tedia l'ascoltatore e ha un che di pedante. Si faccia invece costante uso delle c.d. "frasi mozze".

Es. negativo d'inizio di Conversazione: "Oggi è una bella giornata di sole, non sembra anche a lei?...".

Es. corretto: "Aoh! Che giornata, eh?!" da accompagnarsi con ammiccamenti e gomitata al fianco di un eventuale e sconosciuto compagno di carrozza ferroviaria.

• Si usino sempre, a inizio di frase o anche a metà, **eleganti e significativi avverbi e congiunzioni**, fra i quali consigliamo: cioè, dunque, effettivamente, niente, personalmente, praticamente ecc. Es.: "... se andiamo a ballare, cioè...", "... dunque come stai?", "... personalmente porto mutande rigorosamente rosse..." (e impersonalmente?).

• Si faccia largo uso, più per l'elegante valore semantico che per la funzionalità, di **diminutivi** quali: un attimino, un minutino, un momentino, lasciando ai pedanti l'osservazione che un attimo non può essere più piccolo di un attimo, e un minuto ha per riduttivo il secondo (chi vieta al Perfetto Parlatore di ipotizzare un minuto di 40 secondi al posto degli usuali, antidemocratici 60?!).

Le stesse unità temporali si usino con disinvoltura a qualificare quantità e altre diverse qualità. Es. "Un attimino di ritardo e ho trovato la multa" (al parcheggio con disco orario). Oppure: "La mia macchina è un attimino più lontana" (alla signora che vogliamo accompagnare a casa) ecc.

• Si adottino, a mo' d'intercalare, **preziosi aggettivi**: allucinante, angosciante, obbrobrioso, stratosferico, forte, mostruoso ecc. e si potrà, anche, entrar nella Storia com'ebbero ventura le antesignane *M.me* Tallien, Giuseppina Beauharnais e altre, dette *Les Merveilleuses,* per l'uso intercalare del correlato aggettivo, applicato indifferentemente all'abbigliamento "*à la victime*" dell'amica, al racconto del taglio della testa di un Montagnardo in Place de Grève, ovvero alle avventure di un certo generale impegnato in Italia ("Giuseppina, tuo marito è alla guerra!" "*Merveilleux!*").

Es.: *I Promessi Sposi* è allucinante (laddove "allucinante" ha senso ammirativo o, a piacere, dispregiativo); le Spice Girls sono stratosferiche; "è forte!" (detto indifferentemente dell'ultima canzone di Madonna, del campione del mondo dei pesi medi, del Professore ex sessantottino apparentemente vecchio e rachitico ecc.).

• **Si eviti, per quanto possibile, la concordanza di tempi e modi** e, soprattutto, quella tra soggetto e verbo; si ricordi che l'aggettivo singolare riferito al soggetto plurale – o viceversa – è sempre più incisivo e rende in ogni caso più immediato il discorso.

Es.: "I tali *showmen*, i tali cantanti, musicisti, giudici del *pool* di Milano" e altri plurali seguiti da: "È forte, gagliardo, angosciante, allucinante, squallido ecc.". Ancora, sull'insegnamento dei fini dicitori televisivi: "... un gruppo di persone... *sono andate* in vacanza (e due gruppi?); un certo numero di ascoltatori... *hanno* protestato; una gran quantità di barche di profughi albanesi *si sono inabissate* (o *hanno approdato*) ecc.".

• Ci si attenga scrupolosamente, quanto agli **accenti**, all'autorità televisiva («*In vitio decor est quaedam male reddere verba*»).

Es.: Il bosco è "cedùo" (non cèduo), la Moldàva (noto poema sinfonico nonché fiume e regione dei Balcani) va pronunciata "Mòldaua"; Valparaìso (seconda città del Cile e luogo natale dell'amato gen. Pinochet) si dirà (all'americana) "Valparàiso", l'àloe, nota pianta medicinale, sarà detta invece "alòe" ecc.
Es. ulteriore: si dirà sempre zàffiro e non, con buona pace di Dante Alighieri («... dolce colore d'oriental zaffìro...»), zaffìro. I più raffinati potranno pronunciare, parlando della brezza primaverile, Zefìro anziché Zèfiro e faranno una gran figura.
Corre però l'obbligo di ricordare che **l'uso ha legalizzato incomprensibilmente alcuni accenti caduti in luoghi sbagliati**: Romanìa per Romània (l'originale si conserva, oltreché in quel Paese Balcanico, nell'italica Romàgna), Albanìa al posto di Albània, Kòsovo in luogo di Kosòvo, come invece si ostinano a pronunciare gli indigeni, alchimìa per alchìmia (l'ultimo a usare "alchìmia" fu Gabriele D'Annunzio, ma senza successo).
Il Perfetto Gentiluomo, che mai deve meravigliarsi di alcunché e sempre adeguarsi a usi e costumi che trova, non farà motto di queste anomalie se non vuol esser tenuto per pedante e persona da poco. Al contrario, facendo uso dei c.d. **"accenti televisivi"**, si farà gran fama e sarà considerato da tutti un intellettuale.

Valga l'esempio del Sindaco di *** che, per celebrare il suo primo matrimonio, si fece preparare il discorso dal coltissimo Segretario Comunale. Al momento opportuno lesse le alate parole agli sposi, ma, pronunciando con fervore l'esortazione finale, s'imbatté nella sconosciuta parola "ambedùe". La malsana abitudine italiana di non scrivere gli accenti lo indusse in errore e pronunciò un sonoro "ambèdue".
La cosa si riseppe e fece la sua fortuna: fu rieletto Sindaco, quindi Assessore Regionale ed è oggi in predicato di divenir Deputato per meriti culturali.

Più noto e di maggior momento, lo strabiliante caso di quel furbo molisano che dello spericolato uso degli accenti ha fatto un'arte.

Costui fu fatto Senatore a furor di popolo, e da tale carica trasse rinnovato fervore e inventiva: valga per tutte la funambolica esibizione televisiva durante la quale enunciò uno stupefacente "inebètito".

In conclusione, quanto agli accenti, sia detto una volta per tutte che, non riuscendo i Cruscanti a concludere il loro secolare lavoro, **l'Autorità di riferimento è la Dizione Televisiva**, cui il Perfetto Gentiluomo dovrà ispirare il proprio linguaggio, conscio di concorrere, attraverso la diffusione dell'uso, alla naturale evoluzione della Lingua Italiana.

Si raccomanda, in particolare, di porre attenzione nel pronunciare il dittongo "ie": con buona pace del defunto marchese Basilio Puoti e di tutti i Puristi, si dirà rigorosamente, per esemplificare, piéve, miéle, piéno, fiéno, insiéme e non piève, mièle, pièno, fièno, insième. Con ciò si acquisterà, anche, fama di esperti meridionalisti; l'unico, irrilevante, rischio è che, ordinando un "piéno" di benzina in Toscana, il garzone del distributore faccia lo gnorri o, peggio ancora, ci domandi sospettosamente se per caso non vogliamo un "pièno".

È regola aurea che il Perfetto Conversatore non sbagli nell'uso, che sarà il più frequente possibile, di parole chiave.

"Media", che pronuncerà, rigorosamente, "midia", lasciando ai pedanti la banale osservazione che trattasi di parola latina, plurale del neutro *medium*, che i Latini – per quanto ne sappiamo – pronunciavano com'era scritta. È forma quasi dialettale, tipica nell'uso di gente dalle scarse maniere, dire, in luogo di "media": giornali, televisione, radio ecc. (che sarebbero poi i c.d. mezzi – media – di comunicazione di massa).

"In effetti", "esatto", "affermativo" che sta sempre bene dovunque cada nel discorso, sostituisce il banale "sì", il sempliciotto "hai ragione" ecc.

"Veicolare", che è un moderno, elegante preziosismo usato da illustri Autori al posto dei banalissimi trasmettere, indirizzare, trasportare, tradurre, diffondere ecc.

Es. 1: "Antonio Gramsci ha *veicolato* il marxismo nella cultura italiana". Es. 2: "... il messaggio politico *veicolato* dalla televisione...".

C'è poi una serie di pregnanti espressioni che mai debbono mancare nel vocabolario dell'Elegante Conversatore: "prendere coscienza"; "è uno sballo"; "sono in paranoia"; "è uno schianto", "sono fuso" ecc. Si tratta di locuzioni tutte certamente datate fra il 1960 e il 1980 che dimostrano in chi ne fa uso il possesso di una rara cultura storica e conferiscono, in ogni caso, un'elegante patina *rétro*.

Il Gentiluomo che voglia essere alla moda e guadagnarsi anche fama di colto e arguto intellettuale userà, a proposito e a sproposito, voci d'insostituibile valore semantico quali:

- "Segnali forti", riferito sia alla moglie dell'amico che fa piedino sotto il tavolo, sia agli ammiccamenti televisivi con accento molisano del succitato Uomo Politico, sia (bestemmiando) al ripetuto uso degli abbaglianti dell'auto che incrocia di notte;
- "Poteri forti" ("poteri deboli" è locuzione proibita);
- "Epocale" (e perché non "secolare" con riferimento al *saeculum* etrusco, ovvero "eriale", con riferimento al succedersi delle Ere, ovvero, ancora, "eviale" riferito agli Evi?);
- "Nella misura in cui", classica espressione della cultura di sinistra post sessantottina del XX secolo, ancora in voga e oggi ritenuta *politically correct*;
- "Non c'è problema" (per i più raffinati "*no problem*");
- *Chance* in luogo di "possibilità, occasione";
- *Trend* al posto della volgare, semplicistica "tendenza";
- *Gap* invece di "differenza, divario";
- "Opzione" invece di "scelta, possibilità di scelta" ecc.

Ogni evoluzione pratica di oggetti o strumenti dall'impiego più o meno durevole **sarà sempre un progresso "tecnologico", mai "tecnico"**, ancorché con il primo termine i pedanti intendano la Scienza della Tecnica e scuotano il capo rifiutandosi di capire quanto sia gratificante per un qualsiasi miglioramento utile e concreto (quale può essere il nuovo disegno del batti-

strada di uno pneumatico) sentirsi qualificare "tecnologico" al posto dell'umile, artigianale "tecnico".
Per il Nostro Conversatore non esisteranno mai "problemi" (sost. maschile plurale), ma soltanto "problematiche" (sost. femm. pl.).
Parimenti s'ignorerà il volgare "**tema**" (sostantivo maschile) **sostituendolo, sempre, con "tematica"** (sost. femm.).
L'uso di siffatta terminologia il Nostro Lettore potrà completarlo con lo studio di trattatelli di sociologia e della raccolta completa degli scritti di Massimo D'Alema, onde trarrà parole in gran copia per formarsi un proprio vocabolarietto tascabile da consultare nella *toilette* prima di tuffarsi nella Conversazione. Esso lo farà crescere assai in fama, prestigio e fascino, specie agli occhi di donzelle e giovani signore che potrà agevolmente «tòrre per sé» (lasciando altrui le anziane, smaliziate, laide e brutte).

Usi sempre il Perfetto Conversatore parole appropriate di schietto e inequivocabile significato, come insegnano i Televisivi Dicitori, primo fra tutti lo Sgarbi, senza timore alcuno e anzi, con enfasi, sì che le sue parole suonin rimbrotto a quanti ancora indulgono a più mielato parlare (c.d. *soft word*).
Già un evangelico precetto – che come tutti quelli contenuti in quell'aureo libretto, mai ebbe applicazione se non presso persone affette da progressiva santità – imponeva: «pane al pane, vino al vino».
L'ipocrita, ottocentesca, vittoriana società delle buone maniere indusse i popoli a mascherar con virtuose similitudini ed elaborati sinonimi molte cose che, nel Conversare, è inevitabile nominare.
Pullularono i "fondo schiena", i "deretani" e altresì l'arguto "dove non batte mai il sole" in sostituzione dei trecenteschi "culo e chiappe".
La dantesca "merda" divenne "sterco o feci"; la classica "puttana" fu, a piacere, una "signorina di facili costumi" o "segnorina" (*sic*, nel secondo dopoguerra) o – chissà perché? – una "mondana", peggio ancora: una "prostituta o meretrice". E la militare "latrina" divenne "luogo di decenza", "*toilette*", o fu allusa con la misteriosa sigla "W.C." che, talvolta, diventa "00".
Il "cazzo" – essendo ormai perduto il latinissimo *mentula* – quel cazzo che l'Aretino cantò insieme a cento sinonimi, divenne l'ermafroditico sesso (che significa tutt'altra cosa), ovvero lo scientifico pene o il pudibondo organo maschile, detto anche da ambigui sartori "la ricchezza sul davanti".
Eppure, alle origini della letteratura francese, i *fabliaux* insegnarono in che consiste lo schietto e gradevole Conversare. Uno di questi testi, dif-

fusissimi, letti pubblicamente nelle fiere, nelle osterie, nei convivi e nei conventi, intitolato *Li sohaiz desvez* ("Il folle sogno"), narra del sogno di una moglie inappagata: l'avvenente e vogliosa donna si trova nel mezzo di una fiera nella quale l'unica merce esposta sulle bancarelle e nelle botteghe sono i tipici attributi maschili: «*A detail vandent et en gros; / li meilloer erent le plus gros, / li plus chier et li miauz regardé*...». Naturalmente s'invaghisce del più grosso e: «*La dame bargignà lo vit / et demanda... lo fuer*...». Nell'agitazione dell'acquisto scuote casualmente il marito che si sveglia e si fa raccontare il sogno: «*Conmant ele sonja le vits / conmant erent mauvais et buen / conmant ele acheta lo suen, / lo plus gros et lo plus plenier*». Eccitato, il marito assolve il suo dovere coniugale, per il vero senza molta gloria.
Oggi, grazie al televisivo insegnamento, "*le vit*" torna a nuova vita nei conversari e, soprattutto da femminee bocche, si erge in tutta la sua possanza (retorica).
Per non dir di quel che onora le donne – *vive la différence*! – che divenne parte innominabile o "le pudenda", ovvero, per i più audaci, "grembo, vagina, sesso, organo femminile" e quant'altro, senza citar le infinite poetiche similitudini, laddove il glorioso nome originale veniva salvato da Ignoti Resistenti in metropolitani graffiti ove s'inneggiava con il classico "Viva la fica". Per l'uso colloquiale di questo termine, rimandiamo all'insegnamento, oltreché dell'Aretino, del meno conosciuto *Richet*, d'ignoto autore ma datato intorno al 1160, e al classico del novecento goliardico *Ifigenia in Culide*.
Valga la pena (con fugace digressione, ché l'argomento sarà materia di un futuro scientifico saggio) ricordare che la scomparsa dai muri di quello storico peana coincise con l'avvento dei c.d. "anni di piombo" nella seconda metà del XX secolo. Debellato il triste fenomeno del terrorismo politico, i muri inneggiano nuovamente, nella nostra pacificata società, a quel che fa donna la donna.

Consideri il paziente lettore, a prescindere dalla palese violazione delle buone maniere, quali intralci al discorrere comportassero quei verbali sostituti. Era in sostanza impossibile spiegare, imprecando: "Ho pestato uno sterco (?!), ... ho pestato feci di cane", il che avrebbe mosso a ulteriore riso qualunque astante. Si tornava allora, pur di non dire "merda di cane", a un infantilismo: "Ho pestato una *cacca* di cane", disinvoltamente adottando un palese errore sintattico, poiché "cacca" è riferito al genere e nella specie dovrebbesi dire "cacata", sia pur questo un traslato sostantivo.
Così, quei viaggiatori della *New Age*

che si recano nel Nepal alla ricerca dell'equilibrio psichico e spirituale, e pernottano in immonde locande, e tornano convertiti al più vieto materialismo, hanno difficoltà a narrare che gli Sherpa scaldano le loro tende con sterco di Yak. Ricorrono perciò a lunghe circonvoluzioni per descrivere la ricerca e la raccolta di quel prezioso combustibile, quando, molto semplicemente, il fatto è che gli Sherpa raccolgono, già congelate e disidratate dal clima locale, le cacate del curioso bovide per farne alimento ai bracieri.

Purtroppo, in ragione del fenomeno ben noto della c.d. "Vischiosità del Diritto", **recenti leggi hanno amplificato l'uso ipocrita di sinonimi e metafore**. Nel nostro fortunato paese non vi sono più miserabili, ciechi, sordi, storpi, cretini, rimbambiti: tutti sostituiti da meno abbienti, non vedenti, non udenti, handicappati, Alzhaimer (*sic*: "Il tale è un Alzhaimer").

Nel Conversare, sia il Perfetto Gentiluomo franco e diretto; nulla presenza infantile, o femminea, o di persona che per età sia usa a ben altro dire, **ne condizioni l'impavido eloquio**, poiché, questa del parlar schietto, è ancor oggi una crociata della quale son corifei persone illustri come lo Sgarbi, che insegna dai satellitari schermi o, per tacer d'altri, nei pubblici teatri, la Rame Franca, cui attinge l'ombra prestigiosa del Premio Nobel. E sia sempre di larghissimo uso intercalare il colloquiale "cazzo!", che, suprema eleganza, meglio suona se pronunciato da femminili labbra.

Accadde a una nota conduttrice televisiva – donna di mondo dai modi esemplari – che rispondendo a un giornalista sportivo (si sa che i divi televisivi si allenano intervistandosi fra loro), disse inavvertitamente: «Io senza il cazzo non potrei vivere», laddove quella parola cadde, freudianamente o per soverchia abitudine, al posto di altra ("io senza il calcio non potrei vivere"), il che è abbastanza ovvio essendo il calcio indispensabile al metabolismo delle ossa e delle cellule. Altri credono che parlasse del gioco della palla (detto volgarmente pallone o calcio), sebbene non sia ravvisabile alcun nesso con le funzioni vitali. Orbene, lungi dall'esser fatta oggetto di cachinni e reprimende, la Suddetta fu grandemente elogiata dalle Gazzette, acquistò gran fama e fu promossa.

Ognun vede come l'attenersi nel parlare alle regole della Buona Educazione, torni in sonante moneta di prestigio e di stima. **Molte carriere, infatti, furono aperte dal bel parlare.**
Napoleone – quando era ancora un oscuro tenentino dell'arma d'artiglieria – esordì nel mondo politico dicendo del Re assaltato alle Tuileries: «Che coglione!» e non havvi biografo che dimentichi quell'espressivo *incipit* di tanta gloria.
Lo sconosciuto abate Alberoni, destinato a diventar Primo Ministro di Spagna e Cardinale, fu rivelato – "acquisì visibilità" si direbbe oggi – per l'uso di una schietta parola. Durante una campagna in quel di Parma fu ricevuto sulla "seggetta" dal Maresciallo di Vendôme, che comandava le truppe francesi; quando questi si alzò e gli volse le spalle per nettarsi l'ano, l'Alberoni proclamò a gran voce: «Oh, culo d'angelo!», precipitandosi a baciarlo: il che fece la sua notorietà e fortuna. Che il Vendôme preferisse gli uomini alle donne è particolare secondario, ma probabilmente noto all'astuto Abate.
Altri suggellarono la loro già illustre carriera eccellendo, nell'agonizzare, in elevati discorsi. Valga per tutti l'esempio del brillantissimo conversatore e grande oratore, il *ci-devant* Marchese di Mirabeau che, sul letto di morte, imbastì la sua ultima Conversazione sul proprio cazzo – miracolosamente eretto per via della nefrite che lo stava portando alla tomba – consegnandolo alla Storia che lo designa come "la baionetta di Mirabeau" (desta ammirazione il genio francese che riuscì a fare, di quell'organo morente, un simbolo rivoluzionario!)
Per non dire dell'impavido generale della Guardia Joseph Cambronne, che deve la fama non ai suoi innumerevoli atti di valore, ma all'aver gridato: *«Merde!»* agli Inglesi che assaltavano l'ultimo quadrato sul campo di Waterloo (il quale Cambronne, sia detto per inciso, contrariamente a quanto si legge, fu ferito, dato per morto, spogliato dagli sciacalli, e tuttavia se la cavò, per imbastire nella vecchiaia una romantica, epistolare storia d'amore con una sconosciuta signorina e, quindi, morire tranquillamente nel suo letto).
Perfino un grande Poeta e filologo, nonché uomo di nobili natali, quale

fu il già menzionato Contino Giacomo Leopardi, usava nel discorrere per iscritto schiette parole. Ne abbiam prova, oltreché nella primigenia "Lettera alla Befana", che apre il famoso *Epistolario*, anche altrove, come quando, conversando epistolarmente con l'amico Pepoli, usa eleganti espressioni quali "quella puttana della Malvezzi".

Tali esempi, essendo stati quei pochi che abbiamo citato tutti Perfetti Gentiluomini e rinomati per le loro raffinate maniere, dimostrano a usura qual sia dunque il modo di parlare e apostrofare altrui che si addice a chi sia d'animo gentile e ben educato. Chi avesse ancora qualche lacuna nella subietta materia, farà tesoro, come abbiamo già detto, dell'insegnamento televisivo, e a quel disinvolto, schietto, elegante dire si comparerà, facendo ammenda di remore e pudibonde consuetudini, se non vuole esser tenuto per provinciale ineducato e rozzo.

Non si faccia differenza alcuna, nel comportarsi in Conversazione, fra uomini e donne: si riconosca – infine! – che ambo i sessi han pari dignità, sensibilità, diritti. Non si rechi offesa alla Gentildonna usando in sua presenza un castigato linguaggio e quella certa qual reverenza che alcuni ritengon dovuta in ragion delle sue – supposte – gentilezza e verecondia, ché quella sentirà l'onta d'esser trattata da diversa, debole, inferiore. Fu già gran tempo che si proclamò: «Non per ragion, ma per malvagia usanza, / sovra le donne ha preso om signoria, / ponendole in dispregio e villania...».

La Dama, dal canto suo, usi nel parlare generose e schiette parole al modo degli uomini, mostrando fieramente la raggiunta pari dignità, anche con l'uso impavido di frequenti intercalari quali "cazzo!, stronzo!, vaffanculo! ecc.". Soprattutto la donna dimostri in ogni occasione il suo riconquistato valore e parli, parli, parli senza posa d'ogni argomento. Di fronte a lei «*Cedunt grammatici, vincuntur rhetores, omnis / turba tacet, nec causidicus, nec praeco loquitur / altera nec mulier; verborum tanta cadit vis, / tot pariter pelves ac tintinnabula dicas / pulsari...*».

GLI ARGOMENTI

Quanto agli Argomenti di Conversazione, diamo qui di seguito un breve, indicativo elenco di non peregrine, meditate, succose affermazioni, atte ad avviare non futili, ma colte conversazioni e – eccezionalmente – furibonde risse, nelle quali rifulgeranno l'intelligenza, la cultura e l'eleganza declamatoria del Lettore che avrà fatto tesoro di quest'insegnamento.

- I politici sono tutti corrotti.
- I Giudici dovrebbero fare un tirocinio di sei mesi in galera.
- Il pool di Milano era una cosca mafiosa.
- Il pool di Milano ha ripulito l'Italia.
- Di Pietro è stato un eroe.
- Io non leggo i giornali.
- Io alle prossime elezioni mi asterrò dal voto.
- Di Pietro è diventato un arrivista.
- I treni non sono mai in orario.
- Gli aerei dell'Alitalia sono sempre in sciopero.
- Di Pietro è rimasto un cafone.
- Le Poste non funzionano.
- Ci vorrebbe un po' di dittatura...
- Però "allora" i treni arrivavano in orario.
- Gli immigrati bisogna rimpatriarli tutti. (Variante: bisognerebbe affondare a cannonate le barche degli immigrati.)
- Di Pietro è stato un modello d'oratoria e d'eleganza virile.
- Però quando c'erano Andreotti, Craxi ecc.
- Paga sempre il cittadino.
- Si stava meglio quando c'era la D.C.
- La Patria è sempre la Patria.
- Io mi sento italiano.
- Io mi sento europeo.
- Io mi sento cittadino del mondo (mai nessuno che si senta romano, milanese, recanatese, "bergamasco *de sura*" ecc. in quest'Italia delle mille città!).
- Fortuna che in Italia c'è il Vaticano!
- L'Italia, purtroppo, ha il Vaticano!
- La Chiesa è sempre la Chiesa.
- Questo sarà un Papa di transizione.
- Non ci sono più i Papi di una volta.
- Vuoi mettere la Messa in latino...
- La colpa è della scuola.
- La colpa è della famiglia.
- In certi casi ci vorrebbe la pena di morte.
- Mancano i valori, abbiamo perso i valori, questa è un'epoca senza valori.
- I ragazzi oggi sono tutti impotenti! Ai tempi miei...
- Le ragazze si vestono così e poi si lamentano che vengono stuprate!
- Bisognerebbe riaprire le case chiuse.
- Attrici, modelle, presentatrici sono tutte siliconate. È lo schermo, è il trucco che le rende belle: io le ho viste da vicino e sono tutte dei cessi.
- Il cattivo esempio viene dalla televisione.
- Non si può più uscire di casa.
- La Tamaro è lesbica.
- Valentino, Gaultier... sono tutti omosessuali.
- Valeria Marini ha il culo basso.
- La vita è una fregatura.
- La vita è bella.
- La vita val la pena di esser vissuta.
- Nella vita quel che conta è la salute.
- Faccio una vita da cani.
- Vorrei vivere in un altro Paese.
- Vorrei investire in euro... in dollari... in marchi... (mai in lire!) ecc.

Il Perfetto Gentiluomo si varrà di una qualsiasi di queste pregnanti osservazioni (dette anche *tòpoi)*, o di altre che egli stesso saprà elaborare, per dare l'avvio al piacevole discorrere, o per rianimare una languente Conversazione, certo di trovare conforto nell'opinione di quanti presenti, i quali faranno a gara nello sviluppare i peregrini concetti. Alla fine della serata avrà fama di esser stato l'anima e l'animatore della stessa, ove brillò per arguzia, intelligenza e originalità di pensiero; tal rinomanza gli procurerà inviti a non finire in ogni cittadino, educato consesso e, fors'anche, la proposta di esser candidato al Parlamento Europeo.

Principali regole di Conversazione

Ecco, infine, alcune preziose regole cui dovrà attenersi il Gentiluomo Perfetto:

• Se siedi in golosa agape, abbi cura, parlando, di **mostrare il cibo in bocca**, sì che nessun dubiti che sia di tuo gradimento.

• **Sii, all'occasione, confidenziale** e avvicina più che puoi la tua bocca al volto dell'amico, acciocché questi possa conoscere di te la più intima, viscerale essenza e veda quel che s'annida nelle mal deterse protesi («... *male odorati sit tristis anhelitus oris...*»).

• **Non lasciare mai che altri concluda il suo dire**, ma interrompilo dando sulla voce; mostra di aver tutto anticipatamente compreso e di' con forza la tua.

• Se altri, invece, ti dà sulla voce, alza vieppiù la tua e zittisci l'incauto.

• Non dimenticare mai che **lo scopo ultimo di una Conversazione** – che non è palestra d'argomenti e dilettevole esercizio delle menti! – **è imporre il tuo sapere e la tua *verve*:** godano i presenti del tuo armonioso dire, tacciano annuendo e facciano tesoro di quanto liberalmente elargisci; soprattutto, non tacere mai: «*Qui sermone placet, taciturna silentia vitet*».

• **Non ascoltare gli altri**, ma soltanto te stesso.
• Comincia ogni discorso con "Io", e **di' "Io" almeno ogni dieci parole**.
• **Intromettiti sempre** fra due che dialogano tra loro ché, se non lo farai, ti attendono deserti d'emarginazione e commiserevoli sguardi.
• **Le tue opinioni siano sempre banali**, ma profferite con tono grave o aggressiva audacia, e l'irridente sdegno sia risposta alle opinioni altrui.
• In conversevole adunanza a più voci, avrai sempre cura di prender taluno a parte e tener con lui per stupido e abbietto chi ti contraddisse, non trascurando fulminanti richiami a sue presunte, sussurrate corna.
• Se altri discuton di cose delle quali non hai, sventuratamente, contezza alcuna, **volgi loro le spalle**, afferra per il braccio un degli astanti e, commiserando quelli, inizia, ad altissima voce un tuo discorso su più agevole argomento.
• In ogni occasione, se non riesci a dir la tua, **sbadiglia ostentatamente**, guarda di frequente l'orologio, annuncia che è – per tutti – l'ora di andare.

DEL MODO D'USARE IL TELEFONO E CONVERSARE TELEFONICAMENTE

UN PO' DI STORIA

Il nostro felice secolo ascrive a principal motivo della sua poliedrica gloria la soddisfazione di un'essenziale, primordiale esigenza: la comunicazione a distanza.

L'uomo preistorico credette di aver risolto il problema ponendosi con l'interlocutore al centro di un fondovalle. I due si volgevano le spalle stando schiena a schiena e, al segnale dello sciamano di turno, balzavano per inerpicarsi ciascuno sui costoni delle opposte montagne. Giunti al culmine, emettevano alternativamente convenzionali ululati e – in epoca successiva – prolungati suoni di corno. Questo lo chiamavano "suono a distanza", vale a dire "telefono" (da tele = distanza e fono = suono). Questo primitivo modo di Telefonare si conserva ancora in alcune isolate valli del Tirolo.

Gli Assiro-Babilonesi inventarono un'altra forma di telefonia addestrando schiavi dotati di grande memoria che ripetevano esattamente le parole da rivolgere all'interlocutore. Se ne servirono dapprima per comunicare con la moglie da stanza a stanza e, in epoche successive, per mandare messaggi ai Re nemici o alleati. Quell'uso deviante della telefonia creò la classe degli Ambasciatori (professione non sempre ambita poiché, talvolta, comportava la perdita della vita a causa del contenuto offensivo dell'ambasciata).

Gli Antichi Greci e Romani si avvalsero più che altro di trombe e tamburi. A teatro usavano amplificatori incorporati in particolari maschere, ma non è certo che si trattasse di vera telefonia. Sembra che Plinio il Vecchio abbia sperimentato, come telefono, l'eco dell'antro della Sibilla Cumana, ma non riuscì a imporne l'uso, anche per la difficoltà di trovare luoghi risonanti.

In pieno Rinascimento, Leonardo da Vinci brevettò un sistema consistente in uno spago teso collegato a due coni di pergamena (ovvero due conchiglie) che i Telefonanti dovevano tenere alternativamente all'orecchio e alla bocca per ascoltare e parlare; ma il marchingegno ebbe fortuna soltanto presso i bambini che ne fanno uso ancor oggi per diletto.

Nel '700 fu inventato l'alfabeto muto (mimica digitale) che ebbe successo soprattutto negli istituti scolastici e fra i giocatori di tressette.

L'invenzione del telegrafo migliorò la situazione ma non risolse l'antichissimo problema.

Soltanto alla fine dell'800 tali Meucci e Bell giunsero pressoché contemporaneamente a inventare il Telefono vero e proprio.

Le terre emerse del nostro globo, come risvegliandosi da un millenario letargo, si riempirono di una sottile, sotterranea ragnatela di cavi telefonici e di coloratissimi apparecchi che permisero – finalmente! – a ogni marito di comunicare con la moglie lontana: "Maria, butta giù la pasta ché sto uscendo dall'Ufficio".

La successiva evoluzione verso la telefonia senza fili, tuttora in atto, è una variante tecnica della geniale invenzione di Meucci (e/o Bell).

Dobbiamo rallegrarci di vivere nella nostra felice generazione che la scienza catalogherà in futuro come quella dell'*Homo Telefonicus*.

L'uomo moderno passa al Telefono circa il 25% del tempo in cui è teoricamente sveglio. Tale novella pratica di comunicazione è talmente diffusa ed esercitata che, necessariamente, occorre attenersi a precise regole di quella che è definita "La Buona Educazione nella Comunica-

zione Telefonica". Ha, questa, soppiantato del tutto la c.d. "Comunicazione Epistolare", che a sua volta aveva reso obsolete le faticose conversazioni con segnali di fumo, semafori luminosi, telefoni ottici, criptici *iodl* da vetta a vetta ecc.
La regola vuole che, senza badare ai costi (come si addice a un Gran Signore), si faccia del Telefono larghissimo uso, il più prolungato possibile e senza necessità di specifiche motivazioni.
Saper usare il Telefono è segno, oltreché di buon'educazione, di grandissima civiltà: infatti, com'è ben noto, popoli rozzi, pressoché barbarici, come i Lapponi, gli Eschimesi, i Mongoli dell'Asia centrale non fanno uso del prezioso strumento; per non dire dei selvaggi dell'Amazzonia e del 99% degli abitanti dell'Africa Nera.

Il Telefono si distingue in:
- "Apparecchio standard" e suoi derivati (*cordless*), usati in genere negli Uffici, nelle cabine telefoniche e all'interno delle abitazioni;
- "Telefono Radiomobile", detto volgarmente "Cellulare" (senza alcun riferimento all'obsoleto furgone per il trasporto di pericolosi detenuti).

Il Telefono standard va sempre tenuto, in casa, con la suoneria al massimo livello, in modo che i vicini possano sentirne lo squillo. I più lussuosi complessi condominiali distinguono in apposite graduatorie gli inquilini secondo la relativa importanza determinata dal maggior numero di Telefonate ricevute. Il condòmino il cui Telefono squilli innumerevoli volte di giorno e di notte, si vedrà immantinente gratificato dal portiere del titolo di Dottore, ancorché abbia a malapena acquisito la licenza elementare.
Ognun vede di quanto s'innalzi il prestigio lasciando l'altissima suoneria (che è anche agevolmente potenziabile con appositi accessori in vendita nei negozi INSIP) trillare reiteratamente a notte fonda, possibilmente allocata sul muro che separa dall'appartamento adiacente. Taluni, senza disturbare parenti e amici, utilizzano a tale scopo il servizio sveglia della Telecom, prenotandolo, di preferenza, fra l'una e le cinque del mattino.
È proprio di persone sofferenti di gravi complessi d'inferiorità, di scarsa educazione, timide, insicure e timorose dei vicini, tener la suoneria bassa, con il rischio, fra l'altro, di non svegliarsi.

REGOLE
- Del Telefono si usi liberamente e liberalmente.
- Non si preoccupi, il Vero Gentiluomo, del numero degli scatti né dell'opportunità di liberare la linea di quegli che ha graziosamente chiamato; non faccia sua l'opinione del

vulgo che il Telefono, per assonanza, importi regole pressoché telegrafiche di concisione: si metta a suo agio in poltrona o divano o soffice letto e dia libero corso al Conversare.

• Faccia tesoro delle inevitabili pause per escogitare nuovi oggetti di Conversazione; profittando della (relativa) segretezza del Mezzo di Comunicazione e del vantaggio di non esser guardato in faccia, scivoli nel pettegolezzo e tagli i panni addosso, anzi "ne cimi il cardo", al terzo oggetto di tanto dire: questo è il c.d., usualissimo, "Inciucio Telefonico".
Ricordiamo al riguardo che l'inciucio, voce napoletanissima, è il parlare all'orecchio (ciù-ciù-ciù...), quel parlare sommesso di cui, anche chi è vicino, avverte a mala pena le linguali, e il cui scopo è di scambiarsi pepati segreti sul conto di terzi. Purtroppo, tale voce è entrata nel gergo giornalistico e politico quale sinonimo d'imbroglio, accordo sottobanco ecc.: si teme che con tale significato rimarrà.

• Non si segua l'esempio del signor ***, persona a me intimissima, e, per così dire, conosciuta da sempre, il quale, afflitto da non so qual sorta di complesso, cominciò con l'evitare, sebbene fosse uomo di vaste relazioni sociali, ogni telefonata non strettamente necessaria; rimosse quindi anche le telefonate necessarie sostituendole con diretti contatti personali e si addestrò – quando costretto – a rispondere con laconiche voci.
Dopo trent'anni di questo esercizio dimostrò che il volume delle telefonate in arrivo era diminuito del 98%, mentre quelle in partenza erano ridotte in pratica a zero. Ciò non di meno, i suoi complessi affari professionali e familiari non ebbero alcun negativo riflesso. Ma il signor *** è notoriamente un eccentrico, come si deduce dal fatto che non possiede un "Cellulare" (v.).

• Nel Conversare piacevolmente al Telefono non è dunque acconcio essere avaramente conciso, ma a lungo ci si esprima, specie se, com'è costume e accattivante approccio, si chiamò l'amico nell'ora del pranzo o in altra parimenti acconcia.

• È proprio invece della persona dabbene e di gentili maniere attardarsi al Telefono finché lo ritenga necessario, specie se trattasi di Telefono Pubblico con file di utenti in attesa, o di Telefono dell'amico presso il quale siasi recata, invitata, a cenare.

• Fatto salvo il caso particolare del citato inciucio o quando si voglia dar l'impressione di star trattando questioni di Stato, sempre si parli ad altissima voce, ché si farà cosa grata al Telefonato che meglio vi comprenderà, e gratissima a quanti presenti, che non si sentiranno esclusi dalla Conversazione.
È ben vero che quella del parlar a

voce spiegata è pratica anche dei rozzi e incolti Telefonatori, i quali, peraltro, a tanto sono portati non dalla conoscenza delle regole di buon'educazione, quanto dall'essere ingannati dal modesto volume della loro voce nel proprio amplificatore, sicché stimano che soltanto urlando il Telefonato possa udirli.

Miserevole è la condizione psicologica di quegli sprovveduti che, per non turbar gli astanti, parlano in tono sì sommesso da rischiare di non essere uditi, ovvero s'appartano, o avvolgono il capo a mo' di cabina insonorizzata, con cuscini e coperte.

In ogni caso, trovandosi in numerosa adunanza, è prammatica regola, deposto il Telefono, pronunciare giudizi commiserevoli e financo scurrili sulla persona del Telefonato. **È di somma eleganza, prendendo spunto dal colloquio appena concluso, far della persona chiamata l'oggetto di un'intensa Conversazione**. Al riguardo l'Istituto Doxa ha dimostrato per campione che maggiore è la partecipazione di taluno al relativo inciucio, maggiori sono le probabilità che lo stesso, appena chiusasi la conviviale o la riunione, chiami il meschino Telefonato per riferirgli quel che si è detto di lui e da chi. Di tanto edotto, il Telefonante, che ha dato il via all'inciucio, cercherà d'essere il primo a richiamare il Telefonato ("... quando hanno sentito che era con te che parlavo al Telefono, Tizio ha cominciato a dire che... Caio ha raccontato che tua moglie... Io ho fatto il possibile per difenderti...").

• **Regola tassativa**: se chiami taluno al Telefono, tu, che mai di persona turberesti l'ora deputata al sonno o quella della pomeridiana siesta, o ancora quella dedicata al tranquillo cibarsi, non ti curare dell'ora. La

specialità del mezzo telefonico rigetta siffatte, desuete considerazioni anzi, la Telefonata che giunga in ore c.d. "inopportune" rende più pregnante la tua fonica presenza e appare come manifesto segno di considerazione e gentilezza, poiché tu stesso, per il Telefonato, hai sacrificato il beneficio di quelle ore ad altro deputate.

• Altra regola: nel Telefonare, **evita di dichiarare primieramente il tuo nome**, ché il farlo sarebbe ammettere che esiste indeferente persona che te non abbia in vetta ai suoi pensieri e te non riconosca al semplice squillare del mediatico apparecchio. Richiedi, invece, con veemenza e con un che di minaccioso nella voce, chi sia colui che tu stesso hai chiamato.

• Una particolare regola di decoro e buon'educazione vuole che chi usufruisce di un Telefono d'Ufficio con centralino non faccia mai direttamente il numero della persona con cui vuol parlare, anche se trattasi di personaggio autorevole, ma, ordinando ai propri sgherri di metterlo in comunicazione con quel notabile, utilizzi il prossenetico centralino e goda di quel servigio che mostra a tutti il suo Potere, risparmiandosi la fatica di muovere il maldestro indice sulla numerica tastiera.

Nulla è più gratificante per il chiamato che sentirsi dire: "Qui centralino dell'Ufficio di ***; attenda in linea: le passo il Dottore o Professore o Assessore ecc.". L'attesa paziente (di cui si giova il gestore della rete) sarà alleviata dalla diffusione delle note dell'*Ouverture* del *Lohengrin*, con indubbio vantaggio per la diffusione della cultura musicale. **L'uso della musica d'attesa è doveroso per chiunque eserciti un Pubblico Uffizio, ma è consigliato anche al Privato, che ne trarrà fama di persona colta e molto raffinata.**

Ognuno sceglierà la musica più adatta: alla donna matura, ma vivace per non deposte speranze, si addice l'intermezzo de *La Traviata*. Alla giovane che ancora esita, il duetto del *Don Giovanni* («... vorrei e non vorrei...»), il Gentiluomo cortese eleggerà l'Allegretto della *Settima* di Beethoven, il neo Commendatore e Capo Ufficio, sceglierà, dello stesso autore, l'*Incipit* della *Quinta*; al potente Uomo Politico si addice l'aria di *Dulcamara*, all'impresario di pompe funebri, le prime battute di *Una notte sul Monte Calvo*.

Molti usavano un tempo, per loro memoria, segnare in apposita agenda le conversazioni telefoniche tenute. Il Perfetto Gentiluomo (tale dicesi chi è al passo con il progresso) **sarà oggi sempre munito di registratore, tascabile o da tavolo**, che segretamente conserverà ogni parola detta dall'amico.

Quanti fra il popolo tengon a ignobile, vile e ingannatoria tale pratica, siano commiserati come passatisti e retrivi, ignari delle potenzialità del progresso tecnico e dell'indubbio vantaggio che può trarsi dalla meccanica testimonianza.

Che tale pratica sia onesta ed elegante lo conferma il fatto che, trattandosi di Conversazione a metà propria, la Legge non la considera un reato.

Né, tampoco, è d'obbligo informare l'interlocutore che i suoi detti son registrati, giacché così facendo lo stesso sarebbe messo, ineducatamente, in imbarazzo e perderebbe la spontaneità del dire.

Il Telefono è anche usato per comunicazioni oscene a casalinghe frustrate, per tentativi d'estorsione, molestie generiche e specifiche. A questi fini è particolarmente apprezzata la Segreteria Telefonica, sul cui registratore si possono lasciare i più svariati messaggi. Questo tipo d'utilizzo rientra propriamente nell'uso giocoso del Telefono e richiede – perché il gioco riesca – il più rigoroso anonimato.

Non è azzardato concludere che il Telefono, opportunamente usato secondo il nostro insegnamento, è oggi il sale della sociale convivenza.

DEL MODO DI COMPORTARSI IN AUTOVETTURA E NEL GUIDARE

Considerazioni generali

L'uomo moderno passa circa un terzo della sua vita terrena alla guida o a bordo di un'Auto. Come conferma la visione delle sfilate di moda nel deputato canale televisivo che offre l'immagine di magnifiche modelle che incedono muovendo sottili gambe ormai quasi prive di masse muscolari: nel breve volger di qualche altro millennio le inferiori estremità diverranno rattrappite appendici, fossile testimonianza di quando l'Uomo camminava.

Tralasciando ogni considerazione sull'inesorabile legge dell'evoluzione, resta il fatto che il preponderante vissuto automobilistico impone l'elaborazione di precise regole di correlato Galateo.

I riferimenti storici sono scarsi e non del tutto pertinenti. L'uso delle bighe, dei carri, delle carrozze è solo parzialmente comparabile a quello dell'Automobile. Tuttavia alcune linee guida che caratterizzano il Gentiluomo emergono fin dall'antichità.

È certo che, in ogni epoca, essere alla guida di un Mezzo di Locomozione (per proprio diletto e non per servizio altrui!) è stata ritenuta una nobile condotta distintiva del *Gentleman* che, così conducendosi e conducendo, si elevava sulla massa dei miseri appiedati e mostrava la sua perizia nel dominare un potente apparato motore, fosse esso di veri cavalli (ieri) o di cavalli-vapore (oggi).

Si può dire che vestimenti, gioielli e altri *status symbol* non danno la certezza dell'appartenenza all'inclita categoria dei Perfetti Gentiluomini fino a quando a essi non si associa il domato Mezzo di Locomozione.

Il Vero Signore si appalesa incontestabilmente quando, acconciamente vestito, muove fendendo la folla alla guida, un tempo, di un ornato cocchio o sontuosa carrozza e, ora, di lucente Automobile. Quale senso di reverenziale ammirazione suscita nei miseri! Ancor oggi si nota l'impulso dei più a dare prontamente strada e a chinare il capo all'apparire di quegli.

Poiché mai il Vero Gentiluomo deve perder contezza di sé e del proprio valore, **è regola che, guidando l'Automobile, e negletto ogni dimesso portamento, sfoggi ed eserciti sugli umili la potenza** che stringe fra le mani e gli freme nel piede. Prenda esempio dai nostri maggiori che, quando guidavan di persona biga o carrozza, facevansi largo agitando la frusta e spesso calandola sulle terga del tardo Pedone. Ai nostri giorni la frusta più non s'usa, ma ruote e paraurti e l'allegro strombettare improvviso ne tengon degnamente luogo: come allora, sgomento e danno per «l'obliqua furia de' carri» incombono e trionfano sui miseri che, appiedati, battono le strade!

Sia dunque conscio di sé il Gentiluomo Automobilista, fin dal primo entrar nell'abitacolo, e sappia che quello è un micromondo ove necessita obliar gli usati portamenti e assumer nuovo Galateo.

Specifiche di comportamento

Nell'entrare in Auto, se uomo, si lasci di peso cadere sull'invitante sedile e chiuda con energia e strepito la pur ben oliata portiera.

Se donna, indossati abiti acconci quali strettissime minigonne, si avviti dolcemente per sedersi introducendo piegata la gamba destra e lasciando la sinistra distesa all'esterno, sì che dia fugace visione del più intimo vestire. È proprio di donna rozza e semplice entrar nell'Auto sedendosi lateralmente e ritrarre insieme entrambe le gambe, piegando le belle ginocchia.

Del vestire automobilistico, poco argomenta il Galateo. In chiusa berlina e in ristretto, caldissimo abitacolo, possibilmente foderato di pelle umana, il Gentiluomo si distingue per portare sempre il cappello, mentre la Gentildonna è usa ritirar le gonne, slacciar noncurante i primi bottoni della camicetta e mostrar agli alti pedoni gli immacolati *dessous* e le sostenute grazie dei seni.

Ove si viaggi in estivo *cabriolet*, fos-s'anche la modesta utilitaria cui fu tagliato il tetto dal geniale costruttore, ci si adorni con sventolanti sciarpe e *foulards*, berretti di cuoio con i paraorecchie, quali usava il mitico Tazio Nuvolari, e guanti senza dita, detti appunto "da Automobilista".

Nell'abitacolo

L'interno dell'Automobile è, di fatto, un piccolo nido, un domicilio rassicurante che evoca uterine, prenatali ospitalità.

Il Gentiluomo sa che **quella di trasportare da luogo a luogo è soltanto una e, forse, non la più importante funzione della vettura**. Molti psicoanalisti usano racchiudere i loro pazienti frustrati e depressi nell'Abitacolo Automobilistico per un'ora dopo ogni pasto principale, onde si sentano sicuri, protetti, irraggiungibili dall'esterno: così ottengono brillanti risultati terapeutici.

A prescindere da questi usi eretici, **l'Abitacolo è luogo ove, nell'ordine**:
• si ascolta la musica diffusa da potentissimi impianti stereo;
• si guardano spettacoli cinematografici (*drive in*);
• si mangiano pizzette, panini, gelati, cioccolatini e si bevono Coca-Cola o whisky da bottigliette d'argento;
• ci si tolgono le scarpe dopo una passeggiata;
• si esplora il naso con il dito indice dell'una e dell'altra mano (specie durante le soste ai semafori);
• ci si specchia, ci si pettina, si aggiustano il rossetto e il mascara;
• si praticano riti amorosi (per i quali, peraltro, occorre una specifica ginnastica preparatoria che renda le membra agilmente contorcibili);
• si sta seduti guidando la macchina.

Dello stare in macchina durante una sosta

Poche e semplici regole apprenda il Gentiluomo quanto all'uso intrinseco dell'Autovettura. Sappia comportarsi da suo pari specialmente durante le soste al semaforo, ai caselli autostradali e durante gli ingorghi di traffico, quando gli annoiati occhi degli altri Automobilisti si figgono volentieri dentro i vicini abitacoli.

Sia, in tali occasioni, disinvolto, sicuro di sé e adempia ai seguenti precisi dettami:
• prema ripetutamente il clacson, o meglio le possenti trombe, se la colonna tarda a mettersi in moto;
• emetta suono pressante e indignato se chi lo precede, fattosi verde il semaforo, non scatta in avanti nell'arco di un decimo di secondo;
• si attardi alquanto, sì che il semaforo torni rosso dopo di lui e blocchi il meschino che lo tallona;
• usi della sosta per nettarsi il naso con il dito, frugarsi tra i capelli, pettinarsi, controllare i denti nello specchietto retrovisivo, fingere di parlare con il telefono cellulare;
• apra il finestrino, anche d'inverno, e sporga vezzosamente il gomito dallo sportello; in alternativa – ma trattasi di manovra rischiosa, per quanto elegante – allunghi e lasci pendere il braccio all'esterno con un che di rilassata voluttà;

• ispezioni con occhio attento l'abitacolo della contigua macchina, frugando ogni particolare di cosa o di persona;
• spinga e sollevi ripetutamente, e per tutta la durata della sosta, il pedale dell'acceleratore, sì che rombi il motore e si rallegri di azzurrina nebbia l'aere intorno;
• usi della forzata pausa per stirar le membra (*stretching*), sia restando

all'interno, sia ergendosi fuori dell'abitacolo, alzando le braccia, mostrando l'ascellare umidore della camicia, sbadigliando ecc.;
• vuoti il portacenere sul torrido asfalto, e torni, rapido, a far rombare il fremente motore;
• non getti cartacce, bucce di frutta e altri rifiuti, ché quelli è elegante consuetudine espellere in marcia, a beneficio di più tarde, retrograde Automobili;
• tenga sempre al massimo il potente stereo a nove altoparlanti, aprendo i finestrini, sì che ne godano tutti gli altri vicini Sostanti.

DELL'ANDARE IN AUTO IN CITTÀ O IN ALTRO LUOGO OVE SIA CONVEGNO DI PERSONE

Se è pur vero che la "Sindrome di Ben Hur" (v.) caratterizza il Gentiluomo, specie se alla guida di utilitarie sulle autostrade, **è nella circolazione a velocità ridotta in ambito cittadino che si svela il suo grado di educazione** ed elegante portamento. Da Marziale a Parini, più autori fanno cenno alle regole del Galateo Rotomotorio, ma nessuno mai ne dettò il codice. Il Cortese Lettore strappi con noi, compiutamente, il velo dell'automobilistica formazione, apprenda, eserciti e insegni altrui.

Trattasi di materia tanto grave e contingente che tralasceremo ogni aneddotica nota, ogni considerazione discorsiva, per stare all'essenziale. Ci si lasci fare sol la seguente considerazione: di quanto il Galateo Automobilistico avanzi quello quotidiano, si vede dallo sviluppo che hanno avuto **le regole della precedenza**. Laddove, nell'usuale, ancor ci si attiene a far convenevoli e invitare persona estranea, o più autorevole, o femmina, a passar per prima da una porta, mai alla stessa cederebbesi il passo nell'automobilistico incontro. Segno indubbio dei tempi progressivi e tassativo invito a lasciar cader in disuso quel non voler attraversar per primi l'attinta soglia e dare il passo ad altri.

Anche da questo si riconosce il Vero Signore, vale a dire dall'apprendere le regole nuove e prestamente quelle adottare.

Approfittiamo di questo luogo per consigliare, a chi voglia apparir compitissimo, di **passar sempre per primo, non solo in Auto, ma anche a ogni porta**: mai più echeggi l'abusato: "Prego, prima lei! No, prima lei ecc.".

Di seguito sono i comandamenti fondamentali, osservando i quali l'Automobilista avrà fama di Perfetto Gentiluomo della strada.

• Incrociando altri, sia che vengano da destra sia da sinistra, è indispensabile non creare pericolose incertezze dando la precedenza; meglio correre impassibili per la propria strada. Se il diverso viene da dritta, si proceda decisamente, con lo sguardo fisso davanti a sé, sì che quello sia nel dubbio di non esser stato avvistato, talché, bestemmiando, si arresti.

• Non fermarsi mai davanti a un passaggio pedonale, non cedere il passo all'esitante Pedone che, anzi, sarà costretto precipitosamente a rimontare il marciapiede se già mise piede sulle bianche strisce.

bis) Se un Pedone osa traversar fuor dello zebrato spazio, gli si dia la caccia, dando fiato improvviso alle trombe.

ter) Si superi sulla destra ogni macchina che siasi fermata per far attraversare un Pedone: se la fortuna assiste, si potrà anche riuscire e investire l'Appiedato.

• Procedere sempre, ove sia più traffico, con il motore "imballato", sì da produrre il massimo di rombi e vapori ed esser pronti a repentini scatti che, in coda di macchine, permettono di guadagnare perfino un metro di terreno.

• Non lasciare spazio alcuno fra la propria e la macchina che precede.

• Ove un antistante sia a distanza di sicurezza da precedente macchina, si acceleri, si superi e ci s'infili con decisione in quel tratto inutilmente vuoto.

• Si tenga sempre il volante con la sola destra, lasciando la sinistra libera per fare le corna, le fiche e altri apotropaici segni.

• Si suonino ritmicamente le trombe se l'andare è troppo lento, o anche senza motivo, ché è ragione di festa e allegrezza della città il lieto, spontaneo strombettare.

• Si tenga sempre l'impianto stereo a tutto volume, anche con questo mezzo concorrendo alla gioiosa vitalità cittadina.

• Si faccia largo uso, anche simulato, del "Cellulare" (v.), che è sempre segno di prestigio e di impellenti affari.

• A ogni partenza, si aumentino i giri del motore fino a giunger fuori scala, sì che stridano le gomme e lascino nera traccia sul ruvido asfalto.

Della semiotica automobilistica

Il necessario isolamento fisico e acustico dell'Automobilista, chiuso all'interno della vettura, ha determinato la progressiva elaborazione di un sistema di segni che consentono la Comunicazione fra i Guidatori e fra Automobilista e Pedone.

Il Perfetto Gentiluomo moderno non può far a meno della compiuta conoscenza di questi elaborati segnali e dell'adeguatezza degli stessi alle specifiche occasioni.

Abbiamo già detto (v. sopra), quanto sia elegante e qualificante l'uso di trombe e clacson in sosta. Si sappia dunque che **i mezzi di segnalazione acustica sono compresi in una gamma** che va dal semplice "clacson" alle trombe bi e tri-tonali. Il Vero Gentiluomo, senza tema di sembrare un po' *rétro,* cercherà di provvedersi di quel sistema di trombe multiple, in uso un tempo, intorno agli anni '60, che al semplice tocco del pulsante emettono diecimila decibel di *Ouverture* del *Parsifal* o, a scelta, l'intero brano de *La cavalcata delle Valchirie* dello stesso autore.

Di tale strumento sonoro si farà indefesso uso in ogni occasione. Particolarmente indicato e spiritoso è appropinquarsi in Auto alle spalle dell'ignaro Pedone, frenare bruscamente e, contestualmente, far suonare le trombe come quelle del giudizio universale.

Venendo ai "segni" veri e propri, si distinguono in personali e meccanici.
I segni personali sono:

- le corna;
- il piegamento del braccio destro con percussione della mano sinistra nell'incavo del gomito;
- "l'invito americano", che consiste nel mostrare il dito medio eretto sulle altre dita chiuse a pugno;
- il "fare le fiche", antichissimo, dantesco Segno di Comunicazione, di recente tornato in uso presso gli Automobilisti più acculturati (per le modalità esecutive, si può consultare un buon commento all'*Inferno* dell'Alighieri).

Le suddette comunicazioni possono essere fatte anche ad Automobilisti retrostanti, per esempio dopo un sorpasso, e sempre che si possegga macchina di gran lunga più potente di quella sorpassata.
A questi segni ormai codificati si aggiungono quelli consistenti in vario gesticolare: mano a pigna percossa sulla fronte che significa: "Ma che, hai le pigne in capo?"; accentuati movimenti della bocca a formulare tacitamente la parola "stronzo!", particolarmente adatti in fase di sorpasso; scuotimenti vari del capo a significar commiserazione, sdegno ecc.

I segni meccanici, che si ritiene siano stati inventati da un misconosciuto genio napoletano, sono di rara eleganza e indicano senza esitazione il Gentiluomo veramente *à la page*. I più usati sono le corna e il segno americano (v.), montati su braccio meccanico sul lunotto posteriore e azionabili dal volante. Se ne farà uso dopo il sorpasso di macchine di cilindrata inferiore.
Ai segni meccanici possono essere

equiparati quelli luminosi, vale a dire: l'insistente lampeggiare per chiedere strada e l'abbagliamento in fase d'incrocio o, meglio ancora, nel tallonamento di Auto che ci precede.
L'uso costante e corretto di questi segnali giocosi socializza la circolazione automobilistica, mostra che i piloti sono tutti germani e, come tali, comunicano fra di loro con suoni, luci, segni convenzionali, fraternizzando malgrado le barriere di lamiera che li isolano.

Non v'è motivo alcuno per biasimare siffatte forme di cordialità cameratesca delle quali chiunque sia esperto dell'Automobilistico Galateo dovrà fare costante e conveniente uso.

Il Parcheggio

Fra le principali funzioni dell'Automobile c'è quella di essere tenuta in Parcheggio. Si pensa che tale peculiarità sia stata inventata da sapienti urbanisti che, per realizzarla, suggerirono al sig. H. Ford la prima idea della catena di montaggio.
Il Parcheggio è una forma di arredo urbano che caratterizza e distingue le città del XX-XXI secolo; per

comprenderne appieno l'importanza, cerchi il Lettore d'immaginare che cosa sarebbero le vie cittadine, e le piazze, e i viali senza le Automobili parcheggiate: un deserto angosciante, un grigio, spaventoso, patogenetico *vacuum* ove gli uomini si aggrapperebbero ai muri, colpiti da agorafobiche vertigini.

Come concepire gli spazi urbani senza quei vivaci colori, luccicanti smalti, grifagne cromature che fugano l'*horror vacui* che affligge la nostra società?!

Sia dunque consapevole l'Educato Automobilista della funzione sociale che realizza il Parcheggio della sua macchina e adegui conseguentemente il proprio comportamento, poiché **parcheggiare significa occupare per fini sociali uno spazio fortunosamente vuoto**. Nessuna concessione, trattandosi di adempimento d'un Civico Dovere, va fatta ad altrui.

Si eseguiranno, dunque, spericolate e anche violente mosse per inserire la propria Auto nel Posteggio verso il quale sta cautamente manovrando l'utilitaria, pur guidata da femminea mano.

Astutamente, ci si porrà in agguato alla vista di un'Auto che sta per liberare un posto, scattando e bruciando altri concorrenti già in paziente attesa.

Quanto alle manovre di Parcheggio, siano esse decise, rapide e incuranti d'ostacoli: se altra vettura sarà urtata, s'inveirà contro l'assente proprietario della stessa per averla parcheggiata male e ci si guarderà dal lasciare un biglietto che consenta di rintracciarci, evitando così le noiose, burocratiche pratiche assicurative e dando prova d'animo liberale, che non si cura d'ammaccature e graffi ininfluenti sulla funzionalità della macchina altrui.

I più dotati fisicamente possono esercitarsi nel Parcheggio a Sbarramento di passi carrabili, in quello in Seconda o Terza Fila e in quello c.d. "Occlusivo", che imprigiona definitivamente un'altra Autovettura.

Tuttavia, la mancanza di belle maniere e di spirito sportivo che caratterizza ancora buona parte della popolazione induce a considerare a rischio, e quindi da usare con moderazione, queste ultime condotte di Parcheggio.

Il Pedone

Quanto al comportamento del Pedone, la regola è quella che deriva dalla conflittualità dello stesso con l'Automobilista.

Deve dunque il Pedone difendere il suo diritto all'esercizio delle pedestri appendici, contrapporre la sua dignità alla citata «... obliqua furia de' carri...», e giocar di forza e d'astuzia per porre in difficoltà i prepotenti aurighi.

REGOLE

• Non usufruisca mai delle apposite strisce.

• Si attardi nell'attraversare la strada;

• Faccia gesti sconci all'Automobilista che lo sollecita.

• Usi delle macchine in sosta per appoggiarsi e leggere il giornale.

• Nel sollevare il piede per allacciarsi la scarpa sul paraurti di un'Auto in sosta, usi delle sue chiavi per rigarne, indolentemente, la fiancata.

DEI MODI DA TENERE NEI PUBBLICI UFFICI

PRINCIPI UNIVERSALI

In questa sezione non si tratterà del merito delle Pubbliche Funzioni, bensì di quali maniere deve usare il Pubblico Ufficiale trattando con Superiori, Colleghi, Inferiori e Sudditi postulanti.

Gentilezza d'animo e raffinatezza di modi qualificano il Pubblico Funzionario e costituiscono, per così dire, un *habitus* dovuto: Egli, infatti, rappresenta fisicamente lo Stato nelle sue varie espressioni, e, come tale, deve dare un'immagine adeguata di quella venerata Entità ed essere d'esempio e di insegnamento ai Sudditi che, attraverso la sua persona, vengono a contatto con l'Apparato Statutario.

Anche nel fare ingiustizia, o prepotenza, o vessazione, il Pubblico Funzionario dovrà adottare modi gentili, sì che il Suddito, edificato, gli sia in ogni caso riconoscente. Tale regola, tuttavia, non dev'essere intesa in senso assoluto, ma interpretata attraverso la Ragione di Stato.

È, infatti, principale dovere del Pubblico Funzionario sempre mostrare l'Essenza del Potere Statale, cosicché Egli, ancorché per natura mingherlino e frustrato da moglie megera, appaia al Suddito come un gigante severo e accattivante, immanente teofania dell'Apparato Amministrativo. Egli, nell'esercizio delle sue Alte Funzioni, non è una persona, ma l'austera manifestazione della Burocrazia.

La Burocrazia è un'entità misteriosa, che sta allo Stato come i nascosti Dei Consenti stavano a Giove, Re di tutti Dei. Non voluta e non creata, "Ella" esiste (il vero insegnamento di Parmenide era «La Burocrazia è e non può essere diversa da se stessa»), sfugge a ogni controllo e nulla può essere fatto senza il suo benevolo consenso.

Lo scopo della Burocrazia, come della Natura in genere, è di perpetuare se stessa e nulla più.

"Ella" si rivelò agli uomini quando nacque il moderno Stato, nel 1789, e fu una delle cause del fallimento del virtuoso partito unico dei Giacobini, come anche dell'analogo esperimento di Governo al tempo del "Socialismo in un solo Paese" (la storia, troppo giovane maestra, non insegna mai niente).

A cagione di questa sua storica influenza sulle tirannidi dei Partiti Unici, è venerata come baluardo delle Democrazie sotto l'ambiguo nome di "Stato di Diritto" mediante sacrifici propiziatori che consistono nell'allargarne continuamente Poteri e Competenze con Atti Legislativi e di Governo.

Se si abbandona lo studio delle realtà effettuali per indagare i fondamenti teoretici, **la Burocrazia appare come un'Entità autogiustificantesi, una formidabile sovrastruttura sociale** con funzione d'indirizzo etico nei confronti dei Sudditi.

Il senso religioso della Burocrazia è un sentimento che alberga in tutti e rende gli uomini migliori, invano insidiato da scettici e libertini di miope o malvagio discernimento, i quali sostengono che, drasticamente ridimensionata, "Ella" dovrebbe essere al servizio diligente e rapido di quei cittadini che la mantengono pagando le tasse.

Molto si parla ai giorni nostri dell'onestà dei Pubblici Uffiziali, ma occorre schiettamente asserire che, a fronte della solenne immagine che dell'Ente sa dare il Funzionario che abbia fatto tesoro di questi nostri sommari insegnamenti, è questione di poco momento che egli concuta i Sudditi o integri il misero stipendio con Donativi (v.). Anzi, chiunque, rappresentando per funzioni lo Stato o altro Pubblico Ente, siasi arricchito usando i dovuti modi, merita rispetto e va ad ogni costo mantenuto nelle sue Funzioni.
Soccorre (giacché non vi è nulla di nuovo sotto il sole) un'antico apologo: un Trace ellenizzato, famoso logopoieta affabulatore, tal Esopo, difendeva in quel di Samo un concussore che si voleva condannare a morte. Poiché gli accusatori sostenevano che bisognava estirpare la mala pianta dei funzionari concussori con la condanna, Esopo raccontò la seguente favola allegorica: «Una volpe era caduta in una forra da cui non riusciva a uscire. Mentre si agitava disperata si riempì di zecche; sopraggiunse un porcospino che le disse: "Non posso aiutarti a uscire perché le pareti sono troppo ripide, però posso almeno liberarti dalle zecche...". La volpe rispose: "Ti ringrazio, ma non toccare le mie zecche. Queste, infatti, si sono gonfiate con il mio sangue, sono sazie e adesso succhiano tanto delicatamente che quasi non me ne accorgo. Se me ne liberi, ne arriveranno altre, digiune, che succhieranno di nuovo con avida brutalità il mio sangue, dandomi gran sofferenza"».
L'attento Lettore ammiri la saggezza antica, ne faccia tesoro e la compari con l'attuale realtà della Seconda Repubblica, ricordando quell'emistichio eschileo: «La casa di Giustizia è crollata».

Del modo di vestire in Ufficio

Ormai dimenticate le insegne con cui distinguevasi il Pubblico Funzionario dalla Plebe, e che furono, presso i Romani Antichi, il *cingulum* militare e, nel XX secolo, decorose e graduate divise sotto i regimi fascista e nazista, è d'uopo che chiunque sia investito di Pubbliche Funzioni vesta adeguatamente.
Oggi non restan che Preti all'altare e Giudici in udienza a indossare uniforme vestito, atto a celare la pochezza della sottostante persona e a

dar decoro a messe e processi: trattasi di consuetudinari travisamenti, vere e proprie mascherate ufficiali. Nessun si dolga se uso questo termine al riguardo, anzi rifletta che la più antica "maschera" si chiamava, presso gli Etruschi, *phersu*, da cui derivò il termine "persona" che indica il vero essere di ciascuno. Bisogna infatti distinguere fra la maschera che copre il volto e rende anonimi e quella che dimostra il carattere, la funzione, il modo di essere, il Ruolo. Quest'ultima maschera è quella della quale parliamo: essa è il vero volto della persona che la indossa e, in qualche modo, è costretta ad adeguarsi al suo significato, a comportarsi come essa impone.

Fece eccezione a questa regola che vuole, contrariamente al detto popolare, che sia l'abito a fare il monaco, il Presidente di quel Tribunale che fu detto della "Camera Ardente", convocato a giudicare nel famoso "processo dei veleni" in cui era coinvolta perfino *M.me* di Montespan. Quando quel magistrato, che indossava inutilmente una toga rossa su un corpo sgraziato e una gran parrucca sulla vuota cervice, domandò – chissà perché? – a una Marchesa imputata se avesse mai visto il Diavolo, "Certamente" rispose la nobildonna "lo vedo anche ora, davanti a me: sembra una scimmia e indossa una toga rossa…".

Toghe e tonache son oggi vestimenti eccezionali e particolarissimi, e di quelle non tratteremo. **Nell'ordinario, s'indossano in Ufficio vestiti quotidiani**, in genere privi di alcun segno distintivo; è perciò d'uopo in-

dicare a quale stile d'abbigliamento debba attenersi chi accede alla Pubblica Funzione, vuoi perché titolare della stessa, vuoi come Utente.
Ormai **soltanto i rozzi *parvenus* ritengono che in Ufficio ci si debba vestire in modo consono al decoro** e alla dignità dello stesso, con austeri doppi petti, completi grigi, cravatte in tinta, *gilet* e scarpe stringate.
Vuole il democratico sentire che ci si abbigli, invece e appunto, democraticamente, con indumenti *prêt à porter* disinvolti e spiritosi, capaci di far vibrare una nota giocosa nei tetri Uffici e metter subito a lor agio i Sudditi Postulanti.
All'alba della Democrazia, nel 1789, ciò che valse a imporre lo spirito rivoluzionario fu, più dei programmi, il dismettere la pratica delle nobiliari *culottes* (stranamente care a Massimiliano Robespierre) e indossare nelle sovversive assemblee e negli uffici pubblici i popolari pantaloni: moda esemplare e patriottica che consegnò alla Storia i Rivoluzionari con il nome di "Sanculotti".
Sia dunque il vestire in Ufficio semplice, comodo, disinvolto. Un tocco sportivo starà sempre bene e desterà ammirazione per l'elegante allusività.
Ecco alcuni memorabili esempi a edificazione del Cortese Lettore.

Il giovane Pretore di ***, uso a recarsi in ufficio in bicicletta e a prender posto alla scrivania in elegante *mise* da ciclista, fu notato dai Superiori e subito spinto verso una brillante carriera.
L'anziano Avvocato ***, che andava in Tribunale in abito post sessantottino, consistente in pantaloni d'informe velluto a coste, camicia da contadino valdostano aperta sul petto su una bianca *T-shirt* e giacca a quadrettoni gioiosamente colorati, fu stimato quale Principe del Foro e destò l'ammirazione di giovani praticanti, maschi e femmine, per la sua "informalità".
Il dottor ***, Funzionario di un pubblico Istituto Bancario, che riceveva i postulanti in maniche di camicia e senza cravatta, fu in predicato per la nomina a Direttore.
Il Questore di ***, dottor *** ***, sebbene non l'avesse vissuto perché era un poppante, vestiva anch'egli nello stile del '68, ma essendo sommamente raffinato, aveva abolito i calzini dal suo abbigliamento e si muoveva, anche nelle serate di gala al teatro, guazzando con i piedi nudi nelle deformi scarpe: dopo breve permanenza nella citata città, fu promosso a più importante sede.
Il dottor ***, che esercita in ospedale indossando negligentemente un aperto camice sull'abbigliamento da *cow boy*, completo di fondina alla coscia per fionda da caccia e palle d'acciaio, è stimato un ottimo clinico e presto diventerà primario.

Non è possibile pretendere da alcuno che raggiunga simili vette d'eleganza e di *bon ton*, ma tali esempi vanno sempre tenuti presenti, e a quelli umilmente ci s'ispiri nel dubbio.

Impiegate e Funzionarie si adeguino dal canto loro, compatibilmente con la femminile sensibilità, alle stesse regole.

La Donna Titolare di Pubblici Uffici non nasconde più le naturali grazie sotto informi grembiuli, né tampoco adotta teutoniche mode (oggi "Stile Manageriale" o "Stile Donna in Carriera"). Mostri in ogni occasione spigliata eleganza, accattivante aspetto, invitante vestire.
Si addice a Lei la succinta minigonna con spacco, ben stretta ai procaci fianchi, che s'apre, sedendo, sugli scelti *dessous*.
Giova al decoro dell'Ufficio, all'animo intristito dei Colleghi, all'ansia dei Supplici in attesa d'esser ricevuti, quando, altero il capo, a lunghi passi di velate gambe, percorre i tetri corridoi con bianchi fogli in mano, e più giova quando, china sullo scrittoio o sulla macchina per scrivere, mostra opulente, non sorrette grazie dall'ampio *décolleté*.
Nella stagione estiva vesta, in alternativa, lunghe, velate gonne e si attardi, in controluce, davanti a porte o finestre.
Meschino apparve il comm. *** *** quando, a capo di un importante Ufficio, vietò siffatto abbigliamento che lo turbava. La conseguenza fu un improvviso calo nel rendimento degli impiegati e una violenta vertenza sindacale. Ma si sa che il comm.*** *** era un passatista prossimo alla pensio-

ne, che scambiava i disturbi prostatici da cui era affetto per una seconda pubertà.
Di questo corretto abbigliarsi dettero esempio al Popolo, negli ultimi decenni del XX secolo, la deputata Ilona Staller e – per i maschi – alcuni onorevoli della Lega, come tutti videro nelle cronache parlamentari televisive.

L'abbigliamento del Funzionario, Impiegato, Amministratore sia completato da accessori specifici. I principali sono:
• tre penne o pennarelli infilati nel taschino;
• un fascicolo con carte varie nella mano sinistra (indispensabile durante la "pausa caffè");
• una cartella gonfiata convenientemente con trucioli di plastica e riviste pornografiche da portare all'entrata e all'uscita dall'Ufficio;
• un orologio da polso o da tasca (possibilmente Swatch) da consultare continuamente con aria preoccupata, sia durante il *footing* nei corridoi, sia durante il ricevimento di Utenti.

Il Perfetto Burocrate accusi, inoltre, una sindrome colitica che giustifichi frequenti accessi alla *toilette* dell'Ufficio, porti una borsa per fare la spesa – specifica ma non esclusiva del personale femminile – un manuale del conversatore telefonico e la conoscenza mnemonica dei principali numeri delle *hot lines* (usufruibili, per motivi finanziari, solo mediante i telefoni dell'Ufficio).
Mostri anche un congruo numero di schedine del Totocalcio ed Enalotto (un tempo usavasi la patetica Settimana Enigmistica), un blocco di carta bianca per lettere anonime e celi, infine, un fonoregistratore tascabile per documentare le conversazioni dei colleghi.

Il Suddito che attinge ai Pubblici Uffici si riferirà, nel vestire, alle stesse regole che si attagliano al Funzionario. **Accessorio specifico del Postulante è una busta maliziosamente sporgente da una tasca.**

Del modo di ricevere i Sudditi

Che la persona investita di Pubblico Ufficio o Pubbliche Funzioni in genere abbia il dovere di rappresentare degnamente lo Stato con il tratto, la dignità dell'apparire, la cortesia paziente e lo spirito di servizio verso il Cittadino, è postulato contraddittorio. **Mal si concilia, infatti, il rappresentare l'Autorità con il concetto di servire il Privato**. Si vuol forse avvilire l'Autorità dello Stato imponendo ai suoi Rappresentanti atteggiamenti servili?!
È qualunquistica opinione quella che recita: siccome sono i Cittadini che, in definitiva, pagano lo stipen-

dio all'impiegato, deputato, sindaco ecc., costoro sarebbero tenuti a un minimo di rispetto e di cortesia nei propri confronti.
La migliore dottrina insegna, al contrario, che lo Stato è il supremo potere autogiustificantesi, l'austero Leviatano, il massimo di violenza (chiamata comunemente Legge) inferta ai Cittadini con il consenso, presunto, degli stessi.
La tanto celebrata isonomìa si applica (relativamente) fra Cittadini, mai fra il Cittadino e lo Stato. Ne consegue, ineluttabilmente, che **i "Cittadini" vanno più correttamente qualificati come "Sudditi"** e che il Pubblico Impiegato, Funzionario, Amministratore ecc. ha il dovere di far loro sentire con la parola, con il tratto, con l'atteggiarsi, che è lo Stato a parlare per suo tramite; lo Stato che benignamente consente e concede a chi sa rivolgersi a LUI con devota reverenza e umiltà.
Chi può pensare, per esempio, che un Sindaco – eletto dalla sovrana "Volontà Popolare" (detta anche "Volontà Generale", pur se pari al 50% o poco più) – avvilisca la Sacra Investitura accogliendo da pari l'istanza di un qualsiasi *quisquam de populo*?!
È ben noto e di comune esperienza, d'altronde, che l'elezione conferisce carisma e sacertà, e infonde sul capo dell'Eletto lo Spirito Santo.
Un tempo, i Re di Francia appena unti (l'unzione è cerimonia equivalente all'odierna proclamazione dei risultati elettorali), acquisivano il potere di guarire gli scrofolosi con il semplice sfioramento della mano.
L'Eletto del nostro tecnologico secolo acquista anch'egli il magico tocco: trasforma brutture in bellezze, povertà in ricchezza, disordine in ordine. Egli tutto conosce e a tutto pone rimedio.

Il Sindaco della storica cittadina di ***, pienamente illuminato, dichiarava di se stesso: "Il mio dovere è di educare la popolazione" (*sic!*).
Parimenti consapevole del ruolo e delle ripetute unzioni, il Senatore Verde ***, eletto una volta qua e una volta là, ebbe a dire al pubblico televisivo, or non è guari, che "... siccome sono Senatore, della contraria opinione popolare non m'importa un tubo; io questa legge la faccio lo stesso e il popolo, dopo, ricorra pure al Referendum: intanto, la legge c'è e va applicata".
E il Sindaco di ***, per quanto straniero alle Muse, divenne miracolosamente, appena eletto, raffinato intenditore d'arti figurative e impose d'imperio, e contro l'universale sentire, monumenti postmoderni e strane fontane all'incolta cittadinanza che ancora non sapeva apprezzarli.

Non è senza significato che soltanto autori di epoche ormai remote ab-

biano ritenuto che l'Uomo Politico in genere, e più specificamente il Rappresentante del Popolo, abbia il dovere di conoscere e rappresentare le istanze della Comunità o di quella parte di essa che lo ha eletto e, sia pur senza le remore del c.d. Mandato Imperativo, non debba assumere impreviste iniziative legislative prima di aver sondato sulle stesse la volontà popolare.

Questa teoria dimostra scarsa considerazione per la sacralità della funzione del Mandatario del Popolo, avvilisce l'illuminata guida delle Segreterie di Partito e il conseguente sacrosanto Potere di Proposta, situa l'Eletto sullo stesso piano dell'amorfa massa bruta degli elettori, contraddicendo l'aureo principio che i cittadini vanno guidati, non serviti.

L'Anticamera

I nostri maggiori inventarono l'Anticamera quale necessario strumento per marcare l'abissale distanza che intercorre fra il Suddito e l'Autorità. **Fare Anticamera è esperienza necessaria per indurre alla riflessione e all'umiltà il Supplicante**, sì che, quando sia infine ricevuto, abbia quel reverenziale timore che si addice a chi entra in contatto dell'Autorità.

Solo gli stolti e gli ignoranti pensa-

no che la persona investita d'autorevolezza abbia il dovere di adoperarsi per ricevere quanti lo hanno eletto all'ambita carica e, in ogni caso, tutti quelli che, come cittadini contribuenti, pagano i suoi servigi con sonanti stipendi.
Ricevere i Sudditi è in realtà pratica nefasta e nociva allo Stato, ché sempre comporta il pericolo di svelare gli *arcana imperii* e di avvilire l'Autorità, ponendola alla pari con i Cittadini che, in definitiva, incorporano ciascuno soltanto una trascurabile frazione della c.d. Sovranità Popolare. Peggio ancora, c'è il rischio che l'Autorità mostri la propria incompetenza e sia tenuta a vile dal Supplicante.

Nessuno, dunque, investito di Pubbliche Funzioni, abbia mai la porta aperta a chiunque a Lui voglia rivolgersi. Predisponga il filtro di uscieri che, per mercede, segneranno il Supplicante in apposite liste di attesa. Giunto il suo turno, questi sia fatto attendere in Anticamera per il tempo che sembrerà opportuno, tenendo presente la regola che maggiore è il grado di Autorità, maggiore dev'essere la durata dell'attesa. Infine, se possibile, si faccia ricevere lo sventurato dal proprio Segretario.

Ove costretta, **l'Autorità riceverà il Suddito assisa severamente dietro massiccia scrivania**, e accoglierà, con un grazioso segno del capo, e guardando ostentatamente l'orologio, il Saluto di questi.
Lo inviterà a esporre brevemente i motivi che lo hanno spinto alla sua presenza e fingerà di prenderne nota su un'intonsa agenda gettando, ogni tanto, sguardi scrutatori sul Suddito, alzando e aggrottando le sopracciglia e, a seconda dei casi, annuendo, allargando le braccia o sbuffando con impazienza, rimestando allusivamente le carte delle quali avrà avuto cura di affollare la scrivania prima del Ricevimento.
Prometterà, infine, la propria attenzione, ricordando con severità che la Legge è Legge, sì che il Supplice si senta vagamente colpevole ed esca tremebondo e grato.
All'atto del congedo, accennerà benignamente con il capo e agiterà graziosamente la mano a fronte delle proteste di gratitudine del Suddito.

Dopo tale colloquio è prassi, nei pubblici Uffici, che l'Autorità riunisca i più stretti collaboratori e commenti con cachinni le pretese e l'aspetto del Meschino poc'anzi benignamente ricevuto.

Come comportarsi con Superiori, Colleghi, Subalterni

Quell'organizzazione burocratica chiamata genericamente "Ufficio" è una sorta di microcosmo, un aggre-

gato sociale ben definito e retto da regole precise, fra le quali, fondamentali, quelle delle Buone Maniere.
Nel farsi carico di un Ufficio il novello Assunto o Trasferito dovrà necessariamente mostrarsi all'ora stabilita davanti al Capo Ufficio o persona da questi delegata. Messe le firme d'obbligo, occuperà immediatamente stanza e scrivania assegnategli, aspettando che i curiosi Colleghi vengano a far la sua conoscenza. È usanza desueta e ineducata trascurare il lavoro per andare a presentarsi ai collaboratori, a quelli più anziani in particolare. Questa pratica, un tempo in gran voga, ha in sé un che d'umiliante, di servile e, inoltre, disturba il lavoro altrui.

Presso il Tribunale di *** destò grande ammirazione e fu di pratico insegnamento l'arrivo del Giudice ***, ivi trasferito da meridionalissima sede. I più anziani Magistrati e financo qualche Capo di Ufficio seppero del tutto casualmente della sua esistenza a distanza di due o tre mesi dall'insediamento.
Ebbene, in tempi nei quali il peggior difetto di un Giudice è il "protagonismo" e la ricerca spasmodica di "visibilità", l'aver scelto la clandestinità apparve segno di una forte, ben educata personalità, e il Giudice *** fu grandemente elogiato, ritenuto degno di stima e indicato ad esempio.
Il Sindaco di altra città, compitissimo Gentiluomo da tutti per tale tenuto, eletto al suo primo mandato mostrò la sua raffinata, moderna educazione interrompendo la secolare usanza (sancita da obsolete norme di legge su le c.d. "visite cerimoniali") di recarsi a salutare le principali Autorità cittadine. È nei voti di tutti che tanto preclaro esempio sia in futuro universalmente seguito.
Abbiamo voluto citare questi due concreti modelli anche per dimostrare che **l'ottima educazione che i giovani ricevono ormai da qualche decennio nei nostri eccellenti istituti scolastici comincia a dare i suoi frutti**, e che una generazione ammirevole per preparazione professionale e per il naturale possesso delle migliori maniere si affaccia finalmente ai Pubblici Uffici.

I quotidiani rapporti fra membri di uno stesso Ufficio debbono essere ispirati a "Spirito di Colleganza". **I Colleghi devono essere sempre amabili e festosi fra di loro**, anche se discordi negli apprezzamenti.
Ognuno avrà cura di osservare (*rectius,* "spiare") l'altro, prendendo quotidiani appunti da utilizzare al momento opportuno. È cattiva educazione mostrarsi benevoli verso i Compagni di lavoro e rispettarne la *privacy*: meglio aiutarli a emendarsi discutendo i loro errori con il Capo dell'Ufficio.

Ove i Colleghi siano di sesso diverso, il maschio ben educato corteggerà la Collega, le porrà le mani addosso durante comuni ricerche in archivio e, se respinto, terrà conferenze sull'incompatibilità delle sindromi premestruali con il lavoro d'Ufficio, sulla naturale inferiorità della donna, ed esporrà argute opinioni sui rapporti della stessa con il Capo Ufficio.

La femmina, in Ufficio, vestirà nel modo che sopra abbiamo indicato, sarà civettuola e provocante quanto basta, blandirà, anche con lacrime, il Capo Ufficio, accennando alle pesanti *avances* di cui è quotidianamente vittima da parte dei colleghi maschi, e ne otterrà il paterno abbraccio al quale si abbandonerà tutta, mostrandosi procacemente fiduciosa e simulando, infine, di svenire sul piano della scrivania.

La natura rituale del Pubblico Ufficio obbliga a precisi comportamenti, che non possono essere elusi senza offendere i Compagni di lavoro.
È dovere del Pubblico Impiegato considerare il suo lavoro per quello che è: una pensione a vita cui dà diritto il superamento del concorso d'assunzione. Non è una prestazione d'opera retribuita come quella dei poveri operai o dei commessi, o degli impiegati e funzionari schiavizzati da imprenditori privati.
Ne consegue che il P. I. è tenuto:
- a non osservare il simbolico orario lavorativo;
- a far timbrare il "cartellino" da un collega delegato collegialmente;
- a rispettare le numerose "pause per il caffè";
- a essere attento a quanto accade nel Paese, leggendo accuratamente i

giornali (con particolare riguardo ai Piccoli Annunci);
• a formare un "arretrato" che giustifichi la sua permanenza nell'Ufficio e, spesso, la sopravvivenza dell'Ufficio stesso;
• a serbare la "sana e robusta costituzione fisica" che documentò quando fu assunto, e che si mantiene praticando il *footing* nei corridoi (esercizio peraltro reso difficile dall'obbligo di portare costantemente un fascicolo di carte sotto il braccio);
• a non umiliare i colleghi sbrigando con celerità le pratiche affidategli.

I migliori saranno premiati e iscritti in due categorie di "Rappresentanti Sindacali":
• nella prima ci saranno quelli che usufruiscono un giorno sì e uno no dei c.d. "Permessi Sindacali";
• nella seconda categoria quelli che profondono un totale impegno nelle questioni confederali e, quindi, non hanno tempo per stare in Ufficio.

Gli esclusi avranno diritto comunque a certificazioni mediche, permissioni per motivi di famiglia, allattamento, gravidanza, ferie retribuite, festività per l'anniversario del Santo Patrono e un numero variabile di assenze ingiustificate ufficialmente ignorate.
Alcune categorie privilegiate, come i Magistrati, godono del beneficio del "lavoro a casa", che però deve essere giustificato portando pesanti borse piene di carta quando escono o – saltuariamente – rientrano in Ufficio.

I DOVERI DEL PUBBLICO FUNZIONARIO

Fra i Servitori dello Stato, sui citati Magistrati incombono obblighi particolarissimi: **a loro è vietata l'osservanza di un orario d'Ufficio e sono tenuti a non dare mai accoglienza ai Sudditi**. Sono consentite eccezionali deroghe solo per il ricevimento di speciali rappresentanti dei Sudditi detti Avvocati, purché siano iscritti allo stesso circolo di tennis del Giudice.

È dovere del Magistrato riflettere a lungo sulle cause che deve decidere e accettare di buon grado la fatica dell'estenuante emissione di Ordinanze di Rinvio, Istituto fondamentale delle nostre Procedure, che consente la delibazione della causa in condizioni ottimali di serenità e obiettività. Infatti, ogni processo è, tecnicamente, la ricostruzione storica di un fatto e, com'è noto, la Storia può essere scritta solo dopo che sono passati molti decenni dagli eventi.

Fra i doveri del Giudice c'è quello di non perdere mai il contatto con la Società; di conseguenza egli è sottoposto all'onere della partecipazione a feste, pranzi, cerimonie e settimane sciistiche.

Il buon Magistrato dirà sempre male dei Colleghi e degli Avvocati, rilevandone i difetti al fine di migliorare se stesso e non cadere negli errori compiuti da altri. Quando sarà a contatto con i Sudditi, in occasione di formali udienze, mostrerà tutta la possanza dello Stato non indulgendo a cortesia alcuna, sfruttando, anzi, il naturale timore reverenziale del Suddito per estorcergli dichiarazioni compromettenti o per ridicolizzarlo pubblicamente (il che è sempre segno di colpevolezza!).

Ogni Servitore dello Stato che abbia consapevolezza della propria Funzione, sia esso l'umile usciere, l'impiegato di concetto, il magistrato, il basso o alto funzionario, deve acquisire una cultura specifica e osservare regole di comportamento universalmente valide.

Regola prima
Non fare mai oggi quello che può esser fatto domani.

L'odierna Burocrazia è stata modellata, agli albori del moderno Stato, da due illustri personaggi che organizzarono in Francia il Ministero degli Interni e quello degli Esteri: rispettivamente il signor Fouché e il signor Talleyrand. Quest'ultimo, dotato di vivace intelligenza e *savoir faire,* nell'assumere il Ministero degli Esteri convocò tutti i funzionari, fece loro il discorsetto di prammatica e concluse: "Raccomando soprattutto: *pas de zèle*!".

Qualche tempo dopo, scrisse un'importante e urgente lettera diplomatica consegnandola al suo segretario per la spedizione.

Il mattino successivo, avendoci ri-

pensato durante la notte, domandò al Segretario che fine avesse fatto quella lettera e quegli, sperando in un encomio solenne: "È stata già spedita eccellenza!" esclamò orgoglioso. "Imbecille, avevo raccomandato 'niente zelo'!" urlò Talleyrand. "Fuori di qui, sei licenziato!"
Così nacque la prima regola che, per il vero, risulta in Italia universalmente rispettata.

Regola seconda

(riconosciuta anche dall'industria privata)

Ogni dipendente dello Stato è tenuto a raggiungere il proprio livello d'incompetenza.

(Questa legge fu scoperta alla fine degli anni Cinquanta del XX secolo da studiosi americani che, stranamente, non furono proposti per il Nobel.)

Qualunque Burocrazia si regge sulla totale Incompetenza. È l'Incompetenza che consente il disbrigo delle "Pratiche".
Immaginiamo che cosa succederebbe in Italia se ogni impiegato e funzionario conoscessero tutte le leggi, tutte le circolari, tutte le prassi che regolano i loro Atti: le normative stratificate in quasi un secolo e mezzo di storia dello Stato Unitario paralizzerebbero qualunque attività!
L'Incompetenza relativa dei livelli burocratici inferiori rende possibile conciliare la dovuta lentezza dell'*Iter* con la finale soluzione della Pratica (a vantaggio degli eredi dell'Istante); per questo motivo, gli impiegati e funzionari di basso rango sono tenuti a una parziale conoscenza delle norme, verificata formalmente tramite concorso. Ma, se gli stessi vogliono essere promossi ai gradi superiori, devono progressivamente perdere questa tara iniziale e tendere a raggiungere il massimo livello d'Incompetenza che, in genere, coincide con la Funzione Dirigenziale.
Proprio **in virtù della Regola Seconda, i Ministeri e gli Enti Pubblici territoriali sono affidati agli "Incompetenti per definizione"**, cioè ai Politici.

Regola terza

Chi non fa non sbaglia.

È sconosciuto il nome di chi teorizzò questa nobile regola. Il primo che l'applicò concretamente fu Q. Fabio Massimo *Cunctator* che, come accade a tutti gli innovatori, non fu lì per lì compreso, anzi, fu aspramente criticato fin quando, con sua grande soddisfazione ("ve lo dicevo, io!"), i fatti non gli dettero ragione sulle rive dell'Ofanto.

Per comprendere la portata di questa regola si consideri che **nella Pubblica Amministrazione le carriere non sono basate sul talento** (tipica utopia illuminista), **ma sulla comprovata capacità, nell'ordine**:

• di evitare le "grane";
• di rispettare il basilare principio d'irresponsabilità;
• di farsi fama d'indefesso lavoratore mercé la creazione, tramite l'inerzia, di un massiccio "Arretrato";
• di non aver mai avuto note di demerito (il demerito colpisce gli sprovveduti che si ostinano a "evadere" le pratiche).

Valga come esempio preclaro la vita professionale del dr. ***.
Agli inizi della carriera, quest'illustre Magistrato fu Pretore in svariate sedi. Con grande consapevolezza e forza di volontà s'era imposto, fin dall'esordio nella professione, di non fare assolutamente nulla.
Ogni tre anni abbandonava una sede lasciando un enorme Arretrato e si accingeva, con grande impegno, a crearne un altro nel nuovo posto di lavoro dove si era fatto trasferire.
Ciò gli permetteva di esibire preoccupazione e affaticamento, mostrando le immani pile di processi che gravavano sulle sue spalle, e meritando perciò la comprensione dei Superiori, dei Colleghi, degli Avvocati e delle cittadinanze tutte, grate che l'enorme mole d'affari arretrati avesse reso importante le loro altrimenti insignificanti Preture.

Il Detto si vantava anche del fatto che le sue sentenze non risultavano mai riformate, tacendo che, in effetti, non erano nemmeno appellate, perché non esistevano. E, mentre i suoi Colleghi, che non avevano ricevuto un'educazione adeguata alla funzione, si affannavano a emettere verdetti, sottoponendosi a critiche di Avvocati e Superiori, il dottor *** fu tenuto per Magistrato esemplare, oltreché integerrimo e senza menda alcuna.

REGOLA QUARTA
Non fare nulla cosa che possa essere fatta da altri.

È questa una fondamentale regola della Buona Educazione Burocratica. **Non si deve mai offen-**

dere un Collega sbrigando una qualsivoglia pratica che quello potrebbe risolvere da solo. Farlo significherebbe dubitare della capacità professionale dell'altro, umiliarlo, renderlo insicuro e più proclive a sbagliare.
Deve invece il Gentiluomo incaricato di Pubblici Uffici riporre in altri la massima fiducia, esaltarne le capacità e gratificarli assegnando loro il proprio lavoro.
Soltanto rozzi impiegati con ascendenti campagnoli, infidi, cupi, stanno piegati sulla scrivania muovendo a stento le corte braccia ancora virtualmente protette dalle mai obsolete "mezze maniche", affannandosi a sbrigar quante più Pratiche possono e, di solito, commettendo anche grossolani errori (v. Regola terza).

Regola quinta
Complicare le Pratiche semplici.

I saggi legislatori dell'Italia Unita, avvantaggiati dal privilegio di operare nella Patria del Diritto, hanno lavorato indefessamente per oltre 140 anni a costituire un *corpus* giuridico che non ha pari nel mondo per numero di leggi e raffinata complicatezza delle stesse. Ebbero anche il merito di rispettare sempre i loro predecessori, conservando ogni norma anteriore e aborrendo il nefasto strumento dell'Abrogazione Legislativa.
Questa monumentale elaborazione normativa è materia di studio e d'esame nelle facoltà giuridiche anglosassoni e ispira la legislazione dell'Europa Unita.

Su questa base operano i Pubblici Funzionari, la cui valentìa e competenza si misura sulla capacità di scovare, anche per la più insignificante delle Pratiche, una Norma che consenta di mantenerla pendente, aumentarne all'infinito la complessità documentale coinvolgendo nella stessa il maggior numero di Enti e Dicasteri. I più bravi riescono a svilupparla in una finale problematica insolubile, salvo un ulteriore intervento legislativo.
Il Cittadino titolare della Pratica acquista così, lentamente, la consapevolezza dell'importanza, compiutezza e precisione del diritto che aveva vantato, impara a conoscere, in reverente pellegrinaggio, più Uffici Pubblici e, incidentalmente, migliora la propria cultura di buon cristiano, raggiungendo la piena comprensione dell'evangelico "andare da Ponzio a Pilato".

La quinta regola di comportamento del Funzionario Pubblico, se competentemente applicata, avvicina il Cittadino allo Stato, lo induce a comprenderne il complicato meccanismo, a inchinarsi timoroso di fronte alla rivelata maestà del Leviatano e, infine, a sentirsi anche un po' colpevole.

REGOLA SESTA

Principio d'Irresponsabilità.

È questa la **Norma Fondamentale** di comportamento di Impiegati, Pubblici Funzionari, Amministratori.

Si può affermare con ragionevole sicurezza e senza bisogno di specifica dimostrazione che, difettando l'Irresponsabilità, verrebbero meno le fondamenta stesse dell'*Iter* Burocratico.

L'Irresponsabilità "crea" la Pratica che, di per sé, non esisterebbe senza gli strumenti attuativi dell'Irresponsabilità, vale a dire:

- **L'ISTRUTTORIA,**
- **I PARERI,**
- **I VISTI**

e, in casi estremi,

- **LA RIUNIONE**
- **LA COMMISSIONE.**

Il Pubblico Impiegato non deve mai assumere direttamente le decisioni che gli competono, ma, con umiltà e tatto, deve richiedere il Parere di altri Uffici, sollecitare il Visto di superiori e inferiori e, soprattutto, non deve evadere la Pratica, ancorché agli sprovveduti sembri chiaramente fondata su una domanda semplice e piana con la quale il Cittadino chiede di esercitare un proprio qualche diritto.

L'ISTRUTTORIA, tra i principali strumenti indicati, consente di complicare ciò che è semplice, comprovare ciò che è documentato, tenere aperta la Pratica e coinvolgere nella definizione della stessa altri Uffici ed Enti incompetenti nella specifica materia.

C'è qualcosa di mistico, nella Pratica, che spiega i culti idolatri di cui, segretamente, è fatta oggetto nel chiuso dei Pubblici Uffici e alle cui cerimonie sono deputati appositi penetrali chiamati Archivi. Ai segreti della Mistica della Pratica corrisponde, tra i profani, quel reverenziale timore che del contenuto della stessa hanno i Cittadini.

Per esemplificare, **si consideri il caso non infrequente dell'errore anagrafico**, per cui un vispo maschietto è iscritto come una gentil femminuccia. L'interessato, a un certo momento della sua vita, magari dovendo sposarsi, si reca giulivo davanti all'Ufficiale di Anagrafe chiedendo che venga corretto l'errore.

Posto di fronte alla cortese commiserazione dell'Impiegato di turno, che tenta di spiegargli la Santità e Intangibilità dell'Atto di Nascita, lo sprovveduto pensa di risolvere la questione esibendo i testicoli di cui è dotato e che, in genere, provano la qualità di maschio.

Dopo aver fatto tre giorni di galera per atti osceni e oltraggio a Pubblico Ufficiale, esce in attesa di giudizio e, siccome insiste, gli viene paternamente spiegato che, per ora, lui è Maria e non Mario, tanto è ve-

ro che non ha fatto il militare e che, data la complessità della procedura di correzione, farebbe bene a recarsi a Casablanca e, con una semplicissima operazione, adeguare la propria natura a quella risultante dall'Atto di Nascita.
Se s'impunta, dopo qualche anno viene infine riconosciuto ufficialmente per maschio, ma l'Istruttoria ha determinato multiple richieste d'informazioni per cui il suo nome risulterà per sempre negli Schedari della Polizia, dei Carabinieri, della Finanza, della Direzione Nazionale Antimafia e da questi riemergerà con sospetto ogni volta che sarà fermato per una banale contravvenzione stradale.

Allo scopo di prolungare all'infinito la vita della Pratica, un bravo Impiegato abbisogna di qualche anno d'esperienza e della frequentazione di periodici corsi di perfezionamento, dopodiché Egli è in grado di aprire una Pratica e tenerla in vita per quindici o vent'anni, integrandola costantemente con dotte relazioni. I più bravi riescono a farla scomparire (c.d. "Pratica Smarrita") in tempi brevissimi.

I Pareri sono timbri o formule dattiloscritte o prestampate (chiamate anche Precedenti), apposti materialmente dagli Uscieri; essi **servono a complicare la Pratica e a farla viaggiare attraverso diversi Uffici**. In alcuni casi sono previsti da Leggi e Regolamenti, ma, data la loro funzione, sono apprezzati anche se non necessari, perché determinano il massimo d'Irresponsabilità: chi definisce la Pratica può sempre dire che la decisione è stata presa in conseguenza di un Parere, e chi ha dato il Parere può, a sua volta, dire che era facoltativo, o insindacabile, o collegiale, e che quindi lui non c'entra niente con la decisione finale.

I Visti sono dei timbri con la dicitura "Visto", la data, il luogo e il nome con titolo accademico del Funzionario che firma con sigla illeggibile. Quando accanto al nome c'è la misteriosa lettera "P.", il firmatario è inidentificabile.
I Visti vengono in genere apposti in modo collettivo, nel corso di particolari Cerimonie di Segnatura che si tengono due volte l'anno. Chi segna i fogli con la sua svolazzante sigla è tenuto, per riservatezza, a non leggere il contenuto della Pratica.

Le Riunioni sono Riti Burocratici nei quali vengono traslati ed esaltati i casi più difficili. Come i Pareri, Esse determinano il massimo d'Irresponsabilità, poiché coinvolgono il massimo di Funzionari in posizione paritetica.
Si distinguono Riunioni interlocutorie e Riunioni inutili (tutte). Esse giovano al prestigio del Funzionario perché, dopo due ore di Anticamera (v.), sentir dire: "Il dottor *** è in Riunione" suscita reverente timore e ammirazione nel Suddito; sono molto utili anche per giustificare alle mogli i sospetti ritardi di mariti sbarazzini.

Le Commissioni sono l'ultima Istanza Burocratica cui si fa ricorso quando una Pratica, per l'Incompetenza parziale di qualche Funzionario, è prossima alla Conclusione. Per il Cittadino che domanda notizie della sua Pratica è sempre funesto il classico annuncio, spesso accompagnato da allargamento di braccia e sguardo di commiserazione, dell'Impiegato: "La Pratica giace in Commissione".

La Commissione è un'entità misteriosissima, composta di funzionari competentissimi che, per restare ignoti, sono obbligati a indossare un cappuccio quando si riuniscono.
La Commissione si nutre di Pratiche che, divorate, scompaiono nel suo capace seno per fornire l'energia necessaria ad affrontare il defatigante lavoro di calcolo delle trasferte e delle indennità dei Commissari.
Le relazioni e gli interventi in sede di Commissione devono essere formulati in stretto "burocratese"; sono vietate le critiche dirette agli altri Membri ed è considerato segno gravissimo di maleducazione formulare proposte concrete e avanzare soluzioni nuove. È invece molto praticato il "Culto del Precedente", come anche il "Rito del Rinvio" per la "Ricerca del Precedente", che hanno la funzione di far aggiornare il Gruppo di Esperti a tempo indeterminato.

Nelle Commissioni si venera anche una misteriosa Dea chiamata "Prassi", inaccessibile e inconoscibile ai mortali, comuni Cittadini.
Qualunque Assunzione di Respon-

sabilità in palese violazione delle regole sopra accennate è gravida di nefaste conseguenze e comporta, in ogni caso, negative note di qualifica per il Funzionario o l'Impiegato.

Regole per il Suddito

Questa Sezione potrebbe sembrare pleonastica, poiché **l'Italiano**, a differenza di altri Popoli, **dimostra un'innata, istintiva propensione all'uso delle Buone Maniere alle quali è tenuto il Suddito.**

Educata, dapprima, da quei durissimi padroni che furono gli Antichi Romani, poi da barbari feudatari e da Papi e Curiali governanti per Diritto Divino, la nostra Nazione felicemente ignorò, per mille anni, le pulsioni libertine che afflissero altri popoli d'Europa.

Ella ben si condusse, sempre più affinando le civiche buone maniere sotto tiranni rinascimentali, potentati stranieri, e preti, fino al felice giorno che vide il Paese unificato da una dinastia di lingua francese che riuscì a insegnare il fondamento primo del *bon ton* perfino a quel pirata di Giuseppe Garibaldi, costringendolo a togliersi il cappello a Teano e a telegrafare «Obbidisco!» dai monti di Varese.

La nostra amata Italia non conobbe – e, quando le furono imposte, ripudiò – le aberrazioni della Rivoluzione Francese; le nostre genti seppero dare più profondo e generoso senso alla parola "Libertà", attribuendola alla Patria e sottraendola al meschino, egoistico francesismo che ne aveva fatto bandiera dei singoli uomini.

Da questo sviluppo storico benevolo deriva la naturale propensione degli Italiani ad assumere appropriati modi ogni qual volta conferiscono con l'Autorità Statale.

Per i più giovani elencheremo alcune principali regole di comportamento che qualificano il Suddito Ben Educato.

Regola prima

Quando ti rivolgi allo Stato o al Pubblico Ente, sappi che **soltanto la confortante generosità di Quello definisce come "Domanda" il foglio su cui scrivi** ciò che chiedi: il nome esatto è invece "Supplica".

Di tanto sii sempre consapevole durante tutto l'*iter* e comportati di conseguenza con umiltà e, propriamente, supplicando.

A tale scopo è obbligo presentare regalìa, per mano della bella moglie o di piacente prostituta ucraina affittata per l'occasione, all'Impiegato incaricato di sbrigare la tua Pratica, e lusingarlo, e sollecitarlo mediante l'accorto uso dell'istituto della "Raccomandazione".

Tieni dunque per reverenti amici il Sindaco, il Deputato, l'Alto Funzionario, il Curato e il cognato del

cugino della domestica del Senatore di turno, e a loro rivolgiti, foss'anche solo per ottenere un banale certificato di nascita.
Nei confronti di tutti costoro sei tenuto all'obbligo di mance e tributi a Pasqua, Natale e al momento della raccolta delle primizie. In contraccambio riceverai l'ambito titolo di Elettore (“caro collega, ti presento l'amico ***, uno dei miei più fedeli elettori”).

REGOLA SECONDA
Saluta e **rivolgiti con appropriate parole e titolazioni a tutte le Autorità**. Ricorda che ogni Impiegato, dal nono livello funzionale in su, ha diritto all'appellativo di “Eccellenza” e, dal nono livello in giù, al titolo di “Dottore”.
A Vigili Urbani, Carabinieri, Poliziotti a piedi, a cavallo o in motocicletta ecc. spetta sempre il titolo di “Comandante”.
Evita, tuttavia la *proskinesis*[4] in luogo pubblico, perché trattasi di pratica aulica non più consentita dal moderno Galateo.

REGOLA TERZA
Non turbare il Servizio Pubblico con inutili sollecitatorie della tua Pratica e attendi pazientemente.

REGOLA QUARTA
Sii sempre munito di bianchi fogli e buste, pennarello e mascherine grafiche, e **inoltra le tue rimostranze in modo rigorosamente anonimo**.

REGOLA QUINTA
Sii prodigo con gli Uscieri e sii generoso nell'offrire, grato a chi ti richiede danaro o altra utilità. **Mostra la tua liberalità non tergiversando o tirando sul prezzo**.
Rispetta la regola che vuole che il Pubblico Funzionario o Amministratore non tocchi il da-

naro privato: porgilo, pertanto, sempre in immacolata busta.

REGOLA SESTA

Esercita con dignità e consapevolezza i tuoi diritti politici. **Vota secondo le indicazioni della Segreteria del Partito**.

Non pretendere di metter parola nella scelta dei Candidati, perché **il voto è prima un tuo dovere e poi un tuo diritto**, ma questo non va oltre la compilazione materiale della scheda e non comprende la scelta degli Eletti: essa spetta a chi se ne intende, non a te.

Assicurati che i programmi di Colui che eleggi non siano mai specifici, ma ornati con belle parole e aperti a ogni soluzione che sia utile ai quaranta compari del suo partito.

REGOLA SETTIMA

Rispetta sempre l'Autorità e sappi che questa *facit de albo nigrum*, com'è suo diritto.

Sii umile e umilmente viscido e, anche se ti sembra di essere oggetto d'ingiustizia, ringrazia sempre e ingraziati l'Autorità, perché Essa tutto comprende e, a chi è umile, talvolta perdona.

Se sei ridotto alla disperazione, consolati rileggendo le lettere del Santo Paolo Apostolo.

DEL MODO DI VESTIRE

Cenni storici

Non è senza timore che ci accingiamo ad affrontare un tema fondamentale della Buona Educazione, sul quale tanti illustri Maestri e Autori si sono cimentati nel corso dei secoli. È infatti dal "vestire" che si riconosce primieramente, alla lontana, il Gentiluomo o la Gentildonna, e non c'è dubbio che dai vestimenti si valuti agevolmente la qualità di questi.

Sempre gli uomini cercarono di rappresentare se stessi e manifestarsi agli altri assumendo acconcio abbigliamento. Le estreme conseguenze di quest'atavica tendenza si vedono ancora nel vestire uniforme di cui si dotarono Corpi Amministrativi ed Eserciti fin dalla più remota epoca.
Si considerino i Romani Antichi che, non paghi di vestire tutti alla stessa maniera, tanto da essere denominati *togata gens*, adottarono bande purpuree per tutti i senatori, via via più strette per i cavalieri, i funzionari imperiali ecc. L'importanza di quest'abbigliamento è evidente ai fini della formazione dell'Impero Romano: senza la toga, con che cosa Cesare si sarebbe coperto il volto mentre Bruto infieriva su di lui? Sarebbe passato alla Storia Attilio Regolo senza la toga fatta saccoccia nella quale offriva pace o guerra? Augusto avrebbe potuto costruire la sua immagine ambigua senza quella veste indispensabile per farsi raffigurare *velato capite* in atteggiamento pontificio?
Culturalmente parlando, si consideri che tutta la statuaria romana dimostra che gli uomini o sono togati o sono nudi. *Tertium non datur.*

I Grandi Uomini della Storia – ai quali sempre ci volgiamo umilmente per apprendere – c'insegnano che il vestire appropriatamente è una delle chiavi del successo. Raffinatissimi furono Cesare, Augusto, Petronio Arbitro, Nerone, Otone e tanti altri nel drappeggiarsi la toga, farne ricadere sapientemente le pieghe evocando dal rozzo tessuto tutte le più suggestive eleganze (sebbene il campo fosse assai limitato, perché, in fondo, si trattava pur sempre soltanto di un gran rettangolo di lana).
Il Lettore che voglia cimentarsi nel chiuso della sua stanza con tale indumento usando all'uopo un lenzuolo matrimoniale, dovrà porsi davanti a uno specchio a figura intera e consultare contemporaneamente il noto manualetto di Ovidio Nasone che insegna il corretto uso di quella veste.
Furono uomini ammirati, e imitati per la loro grande eleganza, Leon Battista Alberti (perfettissimo cavaliere, passeggiatore, corridore, saltatore, danzatore e altro), Francesco I (talmente invidiato dal deforme e poco raffinato Carlo V da venire a

guerra con questi, essere sconfitto e portato prigione in Spagna, dove si esibiva in elegantissimi vestiari, sì che Carlo lo dovette liberare per non essere completamente screditato e umiliato di fronte ai suoi sudditi) ed Enrico IV, che ridotto quasi in miseria dalle guerre di Fronda e non potendosi permettere gli abiti fastosi dei Valois, inventò una svettante quanto economica piuma bianca sul cappello che lo distingueva da tutti gli altri Gentiluomini (le Gentildonne, ingannate da quel fallico emblema, gli cadevano nel letto e, regolarmente, svenivano quando si toglieva gli stivali, poiché mai si lavò i piedi in vita sua).

Fino al momento in cui incontrò la vedova Scarron (poi Maintenon), il Re Sole fece gloriosa la sua immagine e la Francia intera grazie all'inimitabile ricercatezza.

Famosi nel mondo per la loro eleganza furono Giacomo Casanova, lord Brummel e tanti altri Distinti Gentiluomini che non avevano altre doti.

Napoleone il Grande, cui la modesta statura e l'incipiente pancetta negavano la possibilità d'indossare attillati vestiti (cadde nel ridicolo solo nel 1815, durante la cerimonia del Campo di Maggio, per aver voluto addobbarsi in un così drammatico momento con il famoso "Abito dell'Incoronazione"), adottò intelligentemente un'uniforme (quella dei Cacciatori della Guardia) singolarmente spoglia rispetto alle rutilanti e fantasiose *mises* dei suoi Marescialli: la gloriosa sagoma di un lungo pastrano sormontato da un piccolo cappello s'impose all'ammirazione del mondo.

Quel gran burocrate che fu Francesco Giuseppe, avendo capito il problema, dedicò il po' d'ingegno che aveva a far disegnare le più eleganti uniformi del mondo, sì che poté sempre consolarsi col dire che i suoi soldati, sconfitti a Solferino e a Sadowa, erano comunque molto più eleganti dei nemici.

Quanto alle Donne, queste affidarono sempre la loro fama e quella delle loro azioni alla raffinata eleganza nel vestire e nell'adornarsi.
Guardate alle preziose vesti ed elaborate capigliature delle dame romane del I secolo, considerate che il famoso "Senato delle Donne" legiferava principalmente in tema di abbigliamento, ammirate l'eleganza di Teodora nei mosaici ravennati e capirete quale posto abbiano avuto nella Storia (quella vera, non quella postuma scritta dagli uomini) quelle elegantissime Gentildonne.
Nel più torbido dramma del torbidissimo Medio Evo, durante la tragicomica Seconda Crociata, spicca l'eleganza di Eleonora d'Aquitania che inventò un abito da Amazzone completo di stivaletti dorati che lasciò sbalorditi e ammirati i pur raffinatissimi Bizantini, che la chiamarono "Scarpette d'Oro". In seguito, il secondo marito della Dama, Enrico il Plantageneto, non potendo competere con lei in eleganza, la fece rinchiudere in un triste maniero inglese.
Furono elegantissime Marozia, Margherita di Navarra, Diana di Poitiers e l'avventurosa Margot. Tale dovette essere Beatrice, visto che Dante ne nota, in due occasioni d'innamoramento, principalmente il vestito: una volta rosso, una volta bianco; così come mi sembra dovesse apparire ai suoi occhi elegantemente vestita – quasi una *top model* in passerella – Matelda che, con lievi passi di valzer «se ne gì/a cogliè/ndo fiò/r da fiò/re...» (un, due, tre /... un, due, tre /... un, due, tre /...).
Caterina de' Medici, invece (per le stesse ragioni di Napoleone), non era all'altezza e si chiuse in severi abiti rigorosamente neri, ma il suo "Squadrone Galante" insegnò come ci si veste (e ci si sveste) alla Francia e all'Europa intera.
Lucrezia Borgia, andando sposa da Roma a Ferrara, stupì l'Italia per l'eleganza dei suoi abiti e suscitò l'invidia femminile, onde le innominabili accuse con cui fu consegnata ai posteri.
La storia della Moda Femminile è quella pagina perduta che tanti studiosi (da Michelet a Duby) ricercarono angosciosamente, quella pagina fatale che manca alla grande Storia e che – se letta opportunamente – la completa, raccontando quale parte abbia sempre avuto nell'umana vicenda quel censurato protagonista che è l'Eterno Femminino.

D'altra parte, il costume, il vestito, è quello che caratterizza un'epoca: i

Grandi Eventi hanno sempre sconvolto il precedente aspetto formale e imposto mode nuove. Ancor oggi noi identifichiamo i vari tempi della Storia dell'Umanità, l'essere e il sentire degli uomini che vissero in età passate, istintivamente immaginando quegli uomini nel costume della loro epoca. Soltanto in seguito applichiamo a tale immagine la logica, il ragionamento e la ricerca.

Il fatto che dal Medio Evo al Barocco si siano spesso iconograficamente rappresentati personaggi dei tempi andati in abiti contemporanei, coincide con una singolare caduta del "Senso della Storia".

Sia dato il bando a queste considerazioni, estranee alla materia e al modo di questo libretto, e veniamo alla sostanza dei tempi nostri.

Definizione dell'eleganza moderna

Che cos'è l'Eleganza?

Secondo il vocabolario, questa parola che deriva dal latino *eligere*, "scegliere", dà come aggettivo "Elegante" **e si dice di atto o di persona che ha insieme grazia e semplicità, cura e buon gusto, senza affettazione o eccessiva ricercatezza** («*Noscenda est mensura sui spectandaque rebus / in summis minimisque...*»).

Ognun vede quanto ingannevole, contraddittoria, passatista, sia questa definizione. L'autorevolezza della fonte (il prestigioso *Vocabolario Treccani*) è tuttavia tale che taluni ancora ritengono di vestirsi secondo quei principi, passando inosservati agli occhi dei più.

Le conseguenze estreme hanno dato vita a fenomeni tragicomici. Quando un ex animatore di balere, divenuto indicibilmente ricco e potente, volle – per sue particolarissime ragioni – farsi un partito, esasperò quella regola e vestì se stesso e tutti i suoi sodali con abiti doppiopetto di colore grigio ferro e cravatte grigie, consentendo, in casi eccezionali, la cravatta a pallini grigi su fondo nero. Questi lugubri personaggi si muovono oggi a disagio nelle platee dei congressi e nelle tribune televisive, inseguiti da apotropaici segni.

I miseri credevano di essere eleganti, di dar con il vestire siffatto un segnale (naturalmente "forte") di un programma politico moderato, e invece son tenuti per iettatori.

L'esempio che abbiamo citato è l'esasperazione di quel principio di supposta eleganza che gli Inglesi riassumono nella locuzione *Less is more* ("il meno è più"), conseguenza della filosofia dell'*understatement.* Gli stessi Inglesi, peraltro, consapevoli di aver insegnato al mondo l'elegante vestire con personaggi del calibro di Brummel e Oscar Wilde, hanno tuttavia finito per riconoscere che *more is more* ("il più è più"), in base all'ovvia constatazione che i due personaggi in questione elessero a scopo della loro vita il distinguersi, con abiti estrosissimi, dalla società che li esprimeva.

In realtà queste definizioni generiche e universali dell'Eleganza sono volute e imposte dai Guru della *couture* (*haute* o *prêt à porter* che sia) per ovvie esigenze tecniche e ragioni commerciali. Bisogna invece riconoscere – e parlo seriamente – che **Elegante è il singolo e non la moda cui egli si adegua**. Ne consegue che una determinata persona può essere elegante in qualunque modo vesta, se l'abito che indossa le si addice quasi fosse una seconda pelle.

In questa condizione, l'abito più stravagante per forma, colore, estrosità passa inosservato perché fa parte della persona che, con il suo naturale atteggiarsi, desta ammirazione ed è oggetto di estetico godimento. Solo una particolare riflessione sulla singolarità dell'abito, scorporato da chi l'indossa, può metterne in luce le note negative.

Ma se l'abito è inadatto alla persona, per quanto conforme ai dettami della moda e disegnato dal miglior sarto del mondo, risulterà sempre inelegante.

Un abito di grisaglia s'addice al Notaro e al Direttore dell'Ufficio Imposte Dirette; se indossato da un bracciante è grottesco, se portato da un politico è solo un'indecente mascherata. Valga per tutti l'esempio della Regina d'Inghilterra, donna ricchissima, abbigliata dai migliori sarti e tuttavia sempre in testa nell'annuale graduatoria delle donne peggio vestite del mondo.

Dunque – e questo è un discorso serio – **il principio è che ciascuno deve adeguare gli abiti alla propria figura e personalità e non se stesso alla moda**.

Per il vero, i termini elegante/inelegante sono concettualmente inadeguati. **L'Eleganza è quella dote naturale che, chi non ce l'ha, non se la può dare**; essa fa sì che quella tale donna spenda milioni per un vestito di Chanel e sembri una zingara, mentre quell'altra, con indosso uno straccetto comprato alla Standa, inceda come una semovente calamita che attira ogni sguardo.
I Francesi, che di queste cose se ne intendono, coniarono il termine *propre* per indicare la persona che noi diciamo, con superficialità, elegante. È *propre* vestire un abito esattamente adeguato alla propria personalità e all'occasione. È tale chi, attraverso il vestito, comunica agli altri la vera immagine di sé e mostra rispetto agli altri e alla circostanza per motivo della quale socializza in un dato tempo e luogo.
La persona vestita con proprietà è perfettamente a suo agio nell'abbigliamento che indossa, si muove con naturalezza, è sempre uguale a se stessa, non corre rischi d'imbarazzo né di disagio, perché i suoi abiti, oltreché a lei conformi, sono appropriati all'occasione per la quale furono messi. Naturalmente concorrono, oltre all'abito in sé, il taglio, la comodità nel portarlo, la pulizia, gli accessori.

Ma è d'uopo tornare al nostro consueto dire ed esemplificare i comportamenti del Gentiluomo/Gentildonna d'oggi, secondo il *bon ton* consigliato da questo manuale.
I cittadini di ***, noti per l'eleganza e raffinatezza dei sentimenti e del vestire, fecero sensazione, or non è guari, quando, in occasione di una prima teatrale nel restaurato Teatro Massimo Cittadino, si presentarono in abiti da passeggio e spezzati vari a formare una folla variopinta nel *foyer* e nei palchi, donde si sporgevano a lanciarsi gesticolanti saluti.
Il Sindaco, che indossava pantaloni di un bel velluto a coste marrone *brulé* e giacchetta grigia su camicia a scacchi, fu ammirato e invidiato.
L'On. ***, gentile forestiera eletta in quella città, che aveva commesso l'imprudenza d'indossare per l'occasione un abito lungo da sera, posta di fronte al dilemma se andarsene all'inglese o rischiare la generale disapprovazione, volse a suo favore questa *impasse* con una trovata geniale: si aggirò nel *foyer* indossando sopra l'elegantissimo abito un giaccone di nylon imbottito, detto *bomber*. Fu anche lei molto ammirata e tutti ne lodarono l'astuzia politica che le aveva permesso di riparare al suo iniziale errore di gusto esibendo quello che gli sprovveduti tengon per vestimento da stazione sciistica.

In questi tempi di "perdita d'identità" vestirsi con proprietà è difficile, si adotti pertanto lo stile *casual* che, almeno, obbedendo alle leggi del caso, può dare il 50% di buoni risultati. L'abbigliamento *casual* si realizza bendandosi gli occhi e pescando nell'armadio con la mano guantata, affinché il tatto non ci svii, il primo indumento che capita.

ELEMENTI COSTITUTIVI DELL'ELEGANZA MODERNA

LE SCARPE

Le scarpe – che i più considerano un accessorio del vestito – **sono il primo particolare sul quale soffermare l'attenzione per giudicare dell'eleganza di una persona**.

Esse, contrariamente a quanto sostengono molti Autori e Podologi, non servono per deambulare, o meglio, per proteggere il piede nel camminare e nel correre. Basti pensare che fino all'Ottocento le scarpe non erano destre o sinistre, ma entrambe uguali: l'invenzione del paio di scarpe simmetriche e opposte è una recente acquisizione, scarsamente elegante perché accentua visivamente la naturale tendenza di molti alla convergenza delle punte dei piedi.

Le scarpe vengono usate per lo più quando si sta seduti in poltrona o in macchina, sdraiati su un prato e, qualche volta, anche durante la siesta pomeridiana a letto (i copriletto furono inventati per proteggere le lussuose sopraccoperte dal contatto con le scarpe).

Ciò è tanto vero che, per quanti conservano l'obsoleta abitudine della passeggiata, sono state inventate scarpe da passeggio, scarpe da *foo-*

ting, scarpe da tennis e da ginnastica, scarpe da montagna, scarpe da ballo ecc., il che dimostra che quelle calzate abitualmente non hanno nulla a che vedere con la primigenia, naturale funzione di proteggere i piedi.

Di questa elementare verità sono state sempre consapevoli le donne che, infatti, hanno inventato singolari strumenti, assolutamente incompatibili con la funzione locomotoria, detti "tacchi a spillo, zeppe, trampoli ecc.". Le sprovvedute (subornate da avidi ortopedici) che li hanno utilizzati per camminare, sono rimaste vittime di valgismi dell'alluce, deformazioni del metatarso, scoliosi della colonna vertebrale e altre patologie dolorosissime. Le poverette sono riconoscibili durante le cene di gala perché si tolgono le scarpe fidando nel segreto àmbito del Sottotavolo (v. oltre).

Le donne, sulle nostre affollate spiagge d'estate, danno ulteriore prova della funzione di mero abbigliamento delle scarpe indossando, con il costume da bagno, enormi "zatteroni", completi di legacci alla caviglia e suole a carro armato, entro i quali sguazza il nudo piede malignamente essudante.

Preclari esempi storici della funzione puramente estetica delle calzature sono l'Imperatore Caligola, così chiamato perché indossava abitualmente scarponi da legionario (anche la madre Agrippina era nota per tale elegante uso delle *caligulae*), la già citata Eleonora d'Aquitania, che per andare alla Crociata si fece confezionare un bel paio di stivaletti d'oro, nonché la sterminata serie degli Imperatori/Imperatrici di Bisanzio che usavano i calzari di porpora in funzione di corona (si poté riconoscere l'ultimo, sventurato Imperatore, caduto sulle mura di Costantinopoli assaltata dai Turchi, sol perché indossava i purpurei calzari).

Non mancano esempi nel mito: Nitocris usò un sandalo per sedurre un Faraone e Cenerentola (che era stata vestita da una Fata) si mise ai piedi scarpette di vetro (in realtà erano di scoiattolo: *vair*, foneticamente *vèr*, come *verre*, "vetro", onde la confusione fatta da G.B. Perrault).

La funzione non utilitaristica della calzatura, confermata dal diffuso fenomeno del "feticismo", dimostra che essa non è soltanto un accessorio, ma un elemento essenziale dell'abbigliamento e un indice infallibile dell'umana eleganza. **Sceglieremo dunque la scarpa non secondo l'esigenza spesso bizzarra del nostro piede, ma secondo il valore estetico attribuibile alla stessa**.

All'uomo si addicono calzature di colore adeguato all'abito e audaci accostamenti quali la scarpa "gialla" (che in realtà è marrone nelle varie

sfumature) calzata con un abito blu o, meglio ancora, nero.
La scarpa nera va sempre bene, ma è banale e dovrà essere illeggiadrita, se trattasi di mocassino, da vezzosi fiocchetti e ciondoli pendenti dalla mascherina; se stringata, si avrà cura di scegliere un modello di vernice con suola "carro armato".
Sia gialla o nera, è sempre molto elegante, ancorché fattasi rara, la scarpa bicolore.
Pure apprezzati **nell'abbigliamento maschile** gli stivaletti dallo stile vagamente ortopedico, quelli con il "rialzo" (per i più timidi) e quelli con tacco da cinque centimetri.
È sempre consigliabile, anche con l'abito da sera, l'uso di scarpe da ginnastica – possibilmente di colore nero – che danno un tono disinvolto all'Uomo di Mondo e attenuano l'accentuato formalismo dell'abito.

Un tempo si favoleggiava di Gentiluomini che, prima di calzarle, facevano portare le scarpe nuove dal maggiordomo per una settimana, sì che acquistassero un vago aspetto usato. Si trattava di applicazione estrema dei canoni dell'*understatement*, oggi del tutto desueta.
La scarpa, nuovissima, possibilmente accessoriata da tipico, sinistro scricchiolio, è sommamente elegante. Del resto, le mutate condizioni finanziarie dei più consentono di ritenere oggi la scarpa un bene d'immediato consumo, sì che non v'ha più bisogno della cerimonia mattutina della lustratura, potendosi, in ogni caso, comprarne un paio di nuove e lucidissime.

Quanto alle calzature femminili, che, come abbiamo visto, non hanno alcuna utilità funzionale, raccomandiamo l'uso delle scarpe da ginnastica in ogni occasione e – in subordinata alternativa – gli "zatteroni" con suola di dodici centimetri e tomaia in plastica variamente colorata.

Calze e calzini

L'Uomo Elegante adotta i calzini corti. Tutti ricordano quanto fu elogiato e quindi promosso al primo posto nell'annuale graduatoria di eleganza maschile e di buone maniere quel Reggitore del Governo che, ricevuto in udienza dal Papa, si sedette decisamente nella poltrona indicatagli dal Pontefice senza attendere che questi

si accomodasse per primo, accavallò le gambe e mostrò al mondo della televisione satellitare il nudo, biancastro, robusto e peloso stinco che sbocciava da un corto calzino ricadente stremato sulla caviglia.
Quest'esempio basta a "validare" (dal francese *valider* per "convalidare", felicemente riportato all'uso nel 1998 dal Ministro Rosi Bindi su suggerimento degli esperti linguisti delle case farmaceutiche) la regola enunciata. Si consideri soltanto che il calzino corto dà un tocco di sportività e un'allusione giovanile che gratificano il Gentiluomo. Inoltre la visione di un villoso polpaccio può fungere anche da richiamo sessuale.

La Donna Elegante indosserà calze di nylon (oggi praticamente introvabili) o altra fibra sintetica quando calza le scarpe da ginnastica, sì da accelerare i processi fermentativi del pedestre sudore. Nelle altre occasioni inguainerà le gambe in calze di democratico cotone fittamente lavorato a *ramages*, aborrendo le obsolete, velatissime sete con l'antiquata riga che sempre necessitava di esser raddrizzata a beneficio d'inguaribili *voyeurs*.
Farà uso rigorosamente di *collants*, ormai negletta la mitica giarrettiera che commosse autarchici adolescenti e irriducibili vecchietti cui era «incolume il desìo, la speme estinta»; aborrirà le calze "autoreggenti" con l'alto pizzo barocco onde fioriscon le bianche cosce, siccome lezioso e poco funzionale accessorio, incompatibile con la virile immagine che femministe d'incerte tendenze sessuali han conquistato a tutte le donne.

Pantaloni e gonne: un po' di storia

Stranissima è la vicenda di questi indumenti. **Fisiologicamente parlando la gonna si addice a entrambi e il pantalone "protegge" la donna più della sottana.**
Fino ai primi secoli della nostra era, quasi tutti gli uomini civili indossavano "gon-

ne", fossero pure denominate clamidi o tuniche.

Secondo autorevoli studiosi, i pantaloni erano indumento tipicamente femminile fino al tempo in cui le Amazzoni assalirono Atene e furono sconfitte. Da allora in poi, il vincitore Teseo proibì alle donne d'indossarli, ufficialmente per impedir loro di salire a cavallo, in realtà perché durante gli stupri che seguirono la sconfitta delle femmine guerriere si rese conto che le gonne facilitavano grandemente l'esercizio del maschile privilegio sessuale.
I pantaloni erano costume di uomini barbari quali gli Sciti, i Persiani, i Galli. I civili Romani, quando vennero a contatto con quei popoli, adottarono i calzoni e li trovarono comodi per proteggere le gambe dal freddo delle selve germaniche e sarmatiche, nonché confortevoli per cavalcare. Probabilmente, vedendo le acrobazie della cavalleria persiana, pensarono che fossero i calzoni a render quei cavalieri così abili: non capirono mai che la loro superiorità era dovuta all'invenzione delle staffe.
Comunque sia andata, resta il fatto che la conformazione dei rispettivi organi di minzione suggerirebbe, al bisogno, la posizione accosciata per l'uomo e la posizione eretta a gambe divaricate per la donna. L'adozione dei calzoni e della gonna quali distintivi dei sessi ha determinato curiose conseguenze: l'uomo orina in piedi manipolando goffamente l'appendice idraulica per evitare che le gocce cadano sui calzoni; la donna, per assolvere alla stessa funzione, deve invece assoggettarsi al grottesco rituale di rimboccarsi la gonna, tenerla sollevata alla vita con una mano, decentrare le mutandine con l'altra e accosciarsi. Un tempo, le donne, non portavano le mutandine e orinavano diversamente.

Nella cittadina marinara di *** si ricorda che, fino all'inizio del XX secolo, le donne riunite in capannello sulla spiaggia per accogliere i mariti pescatori e per l'inciucio quotidiano (v.) lasciavano sul terreno sabbioso i segni del loro convegno sotto specie di tante chiazze bagnate per quante erano le convenute: l'ampia gonna ricadente fino a terra celava agli occhi di chiunque l'intima e liquida emissione.

Il pantalone, tuttavia, è per la donna una naturale protezione per quell'organo interno che, unico ed esclusivo della femmina mammifera, comunica direttamente con l'esterno; per l'uomo è, invece, impaccio e costrizione ad appendici che la natura volle libere, penzolanti e da tenersi a temperatura inferiore a quella del resto del corpo, pena edema prostatico, saltuaria impotenza *coeundi* e oligospermia.

Ben si comprende come gli Scozzesi abbiano conservato al maschio l'uso della gonna.
Al giorno d'oggi, peraltro, l'abbigliatorio dimorfismo sessuale ha perso in parte il suo carattere distintivo: **i pantaloni sono indossati indifferentemente dal sesso; le gonne, invece, sono consentite solo a donne, transessuali e travestiti.** Gli uomini le portano solo a Carnevale.
La singolare tendenza a mettere le sottane, così evidente durante il periodo carnascialesco in alcune cittadine di provincia da secoli dedite ai mascherati riti, è chiaramente una manifestazione di atavismo che ci conferma come l'uomo, all'origine, usasse la gonna e non i pantaloni.

La forma del pantalone si è evoluta attraverso i secoli: i Romani e i Galli indossavano le *bracae* che finivano al polpaccio.
Durante il Medio Evo aderentissime guaine, allungandosi fino a coprire il piede, mettevano in evidenza la non sempre poderosa muscolatura delle gambe e dei glutei e, soprattutto, facevano risaltare "la ricchezza sul davanti". Poiché la viril prestanza – anche allora – risultava per lo più deficitaria rispetto all'immaginario collettivo delle donne, fu inventata l'imbottitura sagomata, contro la quale si scagliarono (senza conseguenze) prescrizioni suntuarie e moralistiche nei vari statuti comunali[5]. Abbandonato l'uso in questione – dopo averne constatato la sostanziale inutilità ai fini della seduzione, poiché le donne pretendevano sempre di controllare direttamente la consistenza dell'erotica appendice – si convenne, nel XVI secolo, di avvolgere nel segreto il nobile organo, adottando calzoncini a sbuffo e poi larghi pantaloncini al ginocchio detti *culottes*.
La Rivoluzione Francese ripristinò i calzoni e catalogò come reazionarie le *culottes*, poiché il popolo aveva meno problemi a esibire quel che portava davanti al confronto dell'ormai debosciata nobiltà.

Il Gentiluomo Elegante, cui si rivolge questo trattatello, **avrà cura di rendersi padrone della Teoria del Pantalone, studiando i canoni relativi a:**
- risvolti;
- lunghezza;
- ampiezza;
- congegno di apertura-chiusura;
- altezza della cintura.

Se il pantalone debba o non aver i risvolti è *vexata quaestio* sulla quale non è stata detta ancora l'ultima parola. Certamente, l'utilità del risvolto, fatale raccoglitore di polvere e immondizie, non è stata mai dimostrata e tuttavia, come in tutte le questioni di moda, è il gusto che detta legge, perciò s'indossino senza remore pantaloni con o senza risvolto secondo le proprie preferenze (o quelle del proprio sartore).

La lunghezza dei pantaloni è anch'essa questione irrisolta. Condannata l'empia pratica dei pantaloni di lunghezza media (bordo a 2,5 cm dal tacco, o 2 cm secondo la scuola napoletana), ricadenti mollemente sulla scarpa, adottata da gente timida e incerta, il Gentiluomo Elegante deve scegliere fra i pantaloni con bordo da calpestìo (Armani 1980) e i pantaloni con bordo sovracalza (Versace 2000).
I primi finiscono per coprire intieramente la scarpa e appaiono eleganti all'occhio esperto che ne riconosce la secolare idoneità (ne è prova il diffuso cognome Bracalenti che risale al Medio Evo e ha indubbiamente a che fare con questo tipo di pantalone). Essi hanno tuttavia qualche inconveniente, perché i bordi tendono a finire sotto il tacco provocando un'irrilevante difficoltà a camminare; ma ciò nulla toglie alla loro validità e qualità estetica.
I "sopracalza" s'ispirano, invece, a una diversa filosofia: lasciando scoperte le caviglie, permettono di mostrare la ricercatezza della calza (corta!) e danno un che di spigliato e giovanile al passo. Sono anche più versatili, perché, sedendosi o curvandosi l'Elegantone, quelli risalgono fino al ginocchio. Quando il Gentiluomo fa atto di alzarsi, i suddetti fanno attrito con il tessuto dei calzini, si rifiutano di scendere prontamente e simulano i leggiadri "pantaloni alla zuava", molto apprezzati per il loro stile *rétro.*

Pur accettando i pantaloni da calpestìo, l'Uomo Elegante darà la preferenza al modello "sopracalza" che gli consentirà di esibire il maschio polpaccio e la robusta caviglia fasciata da corti calzini bianchi o variamente colorati.

L'ampiezza dei pantaloni distingue il Raffinato *Gentleman* dall'impiegato del Catasto. Scartata come volgare e inelegante un'ampiezza che privilegi la comodità, difficile, peraltro, da mantenere in questi tempi di regimi dietetici ove si alternano repentine crescite e diminuzioni di peso, la scelta è fra pantaloni amplissi-

mi, quasi lunghe gonne, e pantaloni attillati.
I primi – detti anche, chissà perché, "pantaloni da barca" – si addicono a chi adotta lo stile "Armani" di cui sopra. Quelli attillati, invece, fasciando le belle forme delle gambe e dei glutei e mettendo in rilievo (anche con l'ausilio di un evidenziatore interno) la dovizia anteriore, si addicono a Gentiluomini di qualche età e sovrappeso, preda di giovanili spiriti. Indossati su stivaletti da *cowboy* e sotto un giubbetto di pelle, vestono con sovrana eleganza i novelli Faust che vediamo incedere, disinvolti e ammirati, fendendo le folle nel serale passeggio. A questi va la nostra preferenza.
Nel pantalone è essenziale la possibilità di apertura (anteriore), sia per indossarlo, sia per assolvere alle frequenti funzioni idrauliche, sia, più raramente, per gli obblighi derivanti da fugaci rapporti con l'altro sesso.
La scelta è fra l'ingegnosa (ma anche pericolosa) "chiusura lampo" e la tradizionale patta a bottoni, detta anche regionalmente "pattuella", di recente tornata di moda per imperscrutabili ragioni. Poiché, come è noto, il Vero Gentiluomo non fa mai pipì, suggeriamo di adottare audacemente e per ogni occasione i "pantaloni da barca", dotati di elastico in vita e senza apertura sul davanti, assoluto *top* dell'eleganza maschile, specie se in leggero tessuto *jeans* (lavato) e indossati da vivaci sessantenni.

Quanto all'altezza della cintura, l'Uomo C*hic* indosserà esclusivamente pantaloni a cintura bassa, poggianti sui pingui lombi e mollemente scesi davanti, a mo' di sottopancia, così lasciando libere e sopraelevate le rotondità dello stomaco e dell'omento che ondeggiano sugli stretti fianchi e sull'incerto pube. Mal si appongono quanti, a una certa età, adottano

pantaloni dall'alta cintura (detti "ascellari" o "alla Paolo Villaggio") che, senza affliggere il colon e il piloro, lasciano la pinguedine al suo posto, spesso pudicamente celandola con l'obsoleto *gilet.*

I pantaloni delle donne obbediscono agli stessi criteri indicati per gli uomini. Per ragioni estetiche facilmente penetrabili, sono tuttavia prevalenti nell'uso femminile i pantaloni aderenti a sopracalza. Questo tipo fu adottato dalla mortale nemica di Richelieu, *M.me* de Chevreuse, la quale, una volta che era in fuga, fu identificata per donna e quindi riconosciuta mentre scendeva da cavallo, perché un improvviso flusso mestruale aveva macchiato il bianco, aderentissimo indumento.

Il famoso Cavaliere d'Eon, spia internazionale al soldo di Luigi XV, sebbene indossasse abitualmente pantaloni da ussaro, non rivelò mai il proprio sesso perché faceva uso di antesignani assorbenti igienici della migliore qualità.

Ma, qualche decennio dopo, la procace Bellitote, che pure si era vestita da ussaro per seguire il marito nella spedizione d'Egitto, fu subito individuata e portata a letto dall'occhiuto – e anche cornuto – Napoleone, perché l'aderentissimo vestimento metteva in risalto forme degne di Venere callipigia, alquanto insolite per un armigero. *Le petit capòral* emanò poi severissimi ordini al riguardo dei quali se ne infischiò peraltro l'intera *Armé* e, da par suo, il Maresciallo Masséna che, per essersi portata al seguito una bellissima quanto capricciosa *ussara,* non riuscì a conquistare il Portogallo.

I pantaloni aderenti rendono particolarmente elegante la donna in sovrappeso e con il "culo basso". Specialmente adatti a questa i c.d. "pantacollant" in vivaci colori, a fiori e con maliziose scritte all'altezza della natica destra.

La Signora Elegante, ove abbia optato per il pantacollant, indosserà il modello a cintura bassissima che lascia scoperti il grazioso ombelico e, come consigliato dai migliori ortopedici, il rachide lombare, notoriamente insensibile agli sbalzi di temperatura.

Le gonne, tipico – ancorché non esclusivo – abbigliamento femminile, sono disciplinate da una miriade di regole d'eleganza che è impossibile riassumere, anche perché soggette a repentini mutamenti stagionali. **La conoscenza della tipologia della gonna è un'alta specializzazione universitaria** e richiede anni di studi. Accenneremo soltanto che le gonne possono essere:

- lunghe,
- corte,
- cortissime (minigonne),
- al ginocchio,
- diritte,
- a campana,
- a tubino,
- strette,
- larghe,
- svasate,
- a taglio trasversale,
- a ruota,
- oblique,
- simmetriche,
- asimmetriche,
- sottomammarie o sottombelicali;

quasi tutte con vertiginoso spacco per facilitare il passo e l'entrata nell'Autovettura (v.).
Ne consegue che non esiste una gonna tipo da eleggere quale propria della Donna Raffinata.

In realtà l'eleganza femminile non è formale, ma creativa, per cui non ha regole che non siano quelle del risultato estetico finale.
In linea generale, ricordiamo alcuni canoni universalmente accettati: ove non indossi i Pantaloni (v.), la Donna Elegante in occasione di gite – in bicicletta o meno – pic-nic, passaggi in motociclo, indosserà le sportivissime e giovanili minigonne sottombelicali o, al più, gonnellini come quelli delle tenniste. Tale indumento consente, infatti, nelle spericolate manovre delle suddette occasioni, di mettere in mostra la più intima

biancheria a beneficio delle camera-tesche voglie mascoline e a scorno e dileggio delle amiche che parteciparono alla gita, pic-nic ecc., indossando più comodi e coprenti sottane o sformati e confortevoli *blue jeans.* L'eleganza delle prime trionferà e le vedrà al centro dei capannelli maschili, mentre le seconde, emarginate e neglette, faranno "inciucio" consolandosi con il trattar quelle da puttane.

Alcuni antiquati esegeti ritengono che le minigonne, come i vestiti trasparenti, non siano necessari alla donna naturalmente bella e dotata di fascino sessuale e che anzi, costringendo Ella lo sguardo su ciò che scopre e soltanto su quello, ne risulti in qualche modo sminuita. Nel dubbio che possano avere ragione, l'unica cosa che mi pare certa è che questo tipo di abbigliamento (cosiddetto "trasgressivo") è utilissimo alle donne tozze e racchie perché, per lo stesso motivo, lo sguardo imprigionato dalle nudità esposte non riesce, nell'immediato, a cogliere tutto l'orrore di quei corpi di femmine mal fatte.

Per tutte, e in ogni occasione e stagione, mi sento di raccomandare l'uso della "gonna trasparente", da portare con o senza *dessous.* Colei che indossa questo tipo di gonna sappia tuttavia che subisce una certa limitazione di movimento, perché dovrà obbligatoriamente atteggiarsi in controluce di finestre e lampade.

Nelle serate di gala e nei matrimoni, molto elegante è la gonna, sia essa "mini" sia a strascico, stile Naomi (Campbell), che si apre sul di dietro lasciando scoperta la metà inferiore delle natiche e intravedibile l'ambito solco. La gonna aderente è pure elegantissima, purché si abbia l'accortezza d'indossare mutandine dal bordo rinforzato che appaiano in evidenza posteriore attraverso il tessuto ben teso.

La natura essenzialmente artistica e creativa del vestire femminile esclude che per le donne valga alcuna regola di sobrietà, contenuta eleganza, semplicità, igiene. Infatti, parafrasando il Poeta: "È della donna il fin la meraviglia; / se non sa far stupir, vada alla striglia…".

La camicia

La camicia è per l'uomo il naturale complemento dell'abito. Nessun vestito, per quanto di ottima stoffa e taglio sartoriale, sembrerà elegante senza adeguata camicia.

La camicia bianca è caduta in disuso e gli antropologi cercano vanamente una qualche ragione della sua sopravvivenza festiva nei più remoti angoli del Molise e della Ciociaria. Si sappia che la ragione per cui s'impose il bianco cotone della camicia fu che, nei tempi andati, si riteneva che il corpo secernesse grasse sostanze che, sigillando i pori della pelle, impedivano ai nefasti miasmi di penetrare nell'umano organismo e farlo ammalare. Tale inclita teoria medica voleva, conseguentemente, che non ci si lavasse, per evitare di asportare la preziosa pellicola a rischio di gravissimi morbi. Il Re Sole, cui piaceva bagnarsi e nuotare, faceva per tale motivo disperare i suoi medici, fra i quali il luminare Fagon. Come esempio di profilassi gli citavano sempre Enrico IV che non si lavò mai, sostenendo che sarebbe certamente giunto a tardissima età e immune da malattie, se il turpe Ravaillac non lo avesse proditoriamente tolto di mezzo.

Restava il problema che i corpi non lavati apparivano dopo un po' di tempo sporchi ed emanavano cattivo odore. La Scienza Medica teorizzò che ciò era dovuto a un eccesso di produzione della pellicola grassa protettiva e che la necessaria regola igienica consisteva nell'indossare sulla pelle indumenti possibilmente bianchi sui quali si depositasse visibilmente il sovrappiù. Il colore bianco permetteva di valutare la quantità di sporcizia cutanea raccolta, e di asportarla cambiando periodicamente gli indumenti.

Il Contino Giacomo Leopardi, a modo suo, era un igienista: aborriva l'acqua e portava le camicie fin quando non diventavano di colore indefinibile, ma, in compenso, si

faceva rivoltare e arrangiare all'ultima moda una consunta palandrana verde, e nascondeva il collo sporco della camicia sotto una bellissima sciarpa comprata con i soldi che non aveva. Una camerierina che lo serviva in quel di Pisa e a cui lo sventurato voleva – chissà perché – insegnare a leggere e scrivere, divenuta vecchia e rimbambita ricordava di lui soltanto l'incredibile sporcizia delle camicie.

Come si vede, **oggi non c'è più alcun motivo per indossare camicie e indumenti a pelle** (propriamente "biancheria") di quel colore. Indossando camicie colorate si ha anche il vantaggio di risparmiare sul consumo delle stesse, essendo provato che una camicia bianca non può essere portata oltre la mezza giornata, mentre una di colore scuro si può

usare anche più giorni consecutivi: nessuno che non sia dotato di sguardo di lince si accorgerà della linea d'ombra sul bordo del collo.
Il Gentiluomo Elegante indosserà pertanto camicie di adeguato colore, vuoi di fino cotone, vuoi di seta, anche nere. Di recente sono entrate giustamente in uso camicie grigio ferro o "fumo di Londra" da mettere con l'abito da sera. Il Gentiluomo così addobbato appare sommamente elegante, romantico; egli, nel ridotto del teatro o nel *parterre,* al ballo delle debuttanti, incede fra i suoi pari suscitando onde di misurati segnali apotropaici dietro di sé.
Nel quotidiano, la camicia sarà sempre colorata e anche coloratissima, possibilmente a scacchi.
Tocco di raffinata eleganza sono i bottoni alle punte del colletto, che non servono a niente, ma distinguono il Gentiluomo *à la page.*

La cravatta
La camicia si porta con o senza cravatta.
Se senza, i primi bottoni saranno con noncuranza slacciati, sì che ognuno possa mirare il villoso o implume sterno, ingentilito da catena d'oro con ciondolo o religioso amuleto a forma di croce. La camicia aperta era un tempo detta "alla Robespierre", sebbene il sunnominato Rivoluzionario si fosse fatto un vanto d'indossare sempre camicia e cravatta, parrucchino e abito con *culottes.* Forse tale denominazione fu coniata in ricordo dell'unica volta in cui si tolse la cravatta, il che avvenne, per motivi tecnici, il 10 Termidoro dell'anno IV della Rivoluzione, quando dovette porre la testa sotto la ghigliottina.
Se da giovani si ebbe l'imprudenza di aderire alla Scuola della Cravatta, ci si documenti sulla storia di questo glorioso accessorio maschile e si sappia che più d'una reputazione è stata rovinata dalla scelta di cravatte inappropriate. La cravatta (*chroate / chroache / chravache* = cravatta in it.) era ignota ai felici popoli dell'Europa fino a un paio di secoli fa; ma, sotto il lungo regno di Luigi XV, i

Parigini, sempre curiosi e amanti delle novità, s'invaghirono del reggimento delle Guardie Croate (mercenari al servizio del Re) e della curiosa striscia di stoffa che quelli si avvolgevano intorno al colletto della camicia d'ordinanza. Nobili e borghesi la vollero anch'essi, e così nacque la moda della cravatta che, in varie fogge e colori, imperversa ancora ai giorni nostri.

Accessorio tipicamente maschile, non fu disdegnato dalle donne: George Sand si annodava abitualmente le cravatte che sottraeva dai cassetti dell'agonizzante Chopin.
Al giorno d'oggi la cravatta è spesso adottata da associazioni segrete come segno di riconoscimento delle seguaci di Saffo.
Nata come una striscia di seta atta a chiudere il colletto e nascondere il relativo bottone, veniva annodata lasciandone ricadere i lembi sul panciotto mentre le ali facevano corona alla maschia, barbuta mandibola.
Rigorosamente nera e di generose dimensioni la usavano gli anarchici per farsi riconoscere dalla Polizia.
Riducendosi progressivamente, **si trasformò nella "farfalla"**, ancora in minoritario uso, oggi obbligatoria con il solo vestito da sera e distintiva dei camerieri. La sorte della "Cravatta a Farfalla" era tuttavia segnata per le difficoltà del suo annodamento: sembra che diversi gentiluomini, dopo ripetuti tentativi di allacciarla, si siano suicidati. Altri si ridussero a contrarre matrimonio per poter utilizzare le mogli per la bisogna (si sa che le donne sono abilissime in quest'operazione di annodamento della cravatta che riesce tanto difficile all'uomo). L'avvento del femminismo emancipò le donne da questa serale *corvée:* fu allora, infatti, che astuti industriali inventarono la ben nota quanto ignobile "Farfalla Preconfezionata" dotata di elastico.
Inevitabilmente, per l'uso giornaliero, trionfò la cravatta lunga, a striscia sagomata, che nasconde l'intera bottoniera della camicia e il cui nodo (v. il mio prossimo volume: *Teoria e pratica del nodo della cravatta*) è facile da fare, anche se spesso con pessimi risultati.

Le mogli, fidanzate, concubine che avevano in definitiva tiranneggiato l'uomo rendendosi indispensabili al tempo dell'allacciamento della "farfalla" e del loro c.d. "servaggio", **con astuzia diabolica inventarono il classico "Regalo della Cravatta"** le cui tragicomiche conseguenze sono sotto gli occhi di tutti.
La scelta della cravatta si fa – e dico seriamente – in base al taglio, al disegno, al colore, ed è una delle più difficili fra quante possibilità l'uomo viene chiamato a scegliere durante il suo percorso terreno. La

cravatta dev'essere appropriata alla persona, all'abito, al colore della camicia, all'occasione per la quale ci si veste, all'umore e anche ai propositi di giovialità, allegria, melanconia, aggressività, benevolenza verso gli altri. **È quindi impossibile che una persona estranea scelga per noi la cravatta.**
Un amico fortunato e simpatetico può anche, casualmente, fare una scelta opportuna; una donna mai. La donna privilegia il colore, la vivacità, la stravaganza e infallibilmente sceglie la cravatta che ci renderà bersaglio di risa e cachinni.
Il dramma è che siamo poi costretti a portarla fino alla consunzione se non vogliamo subire pianti e recriminazioni culminanti nella rituale espressione della logica femminile: "Non porti più la cravatta che ti ho regalato; dunque, c'è un'altra donna!".
Unico rimedio è il classico "sbrodolamento" con cibi grassi versati sul petto alla prima occasione; rimedio tuttavia pericoloso se la nostra compagna è troppo innamorata e generosa, perché la vedremo precipitarsi a comprare un'altra cravatta, uguale o simile, che ci donerà con amore. Se è invece donna avara e casalinga, la smacchierà, la stirerà e, dicendo: "È tornata come nuova!", ci costringerà a portarla fino all'usura. Molti uomini hanno drasticamente risolto il problema dichiarandosi *gay* e voltando le spalle al sesso femminile.

Vale per la cravatta quanto abbiamo prescritto per il vestito in genere: il Gentiluomo Elegante sceglierà con cura tale accessorio e farà in modo che rispecchi la sua personalità (o quella che vorrebbe avere), che sia adeguata all'occasione e concordi con i colori della camicia e del vestito.
Purtroppo, tutti ambiscono a distinguersi; è giocoforza, pertanto, che la cravatta sia di colori e disegni

sgargianti, sempre visibilmente "griffata", una tavolozza che gridi sfrenatamente come il perduto "Urlo" di Munch, ma senza afflizione conclamata, bensì con disperata allegria, tipo "Ridi pagliaccio…".
Sia essa il segno del nostro geniale anticonformismo, sfidi il colore dell'abito (cravatta marron su giacca *bleu* è un classico sempre raccomandabile), richiami su di noi ogni attenzione. Chi invece è d'animo triste e tenuto vagamente per iettatore, s'ispiri alle cravatte del cav. Berlusconi, ineluttabilmente *pied de poule* nero su grigio o grigio su nero.
Si ricordi sempre che "cravatta vecchia onor di Gentiluomo" e pertanto – con indubbio vantaggio finanziario – si usino cravatte lavate in tintoria e stirate accuratamente.

L'Uomo Raffinato guarnirà l'ornante cravatta con i giusti fermagli in oro massiccio e iniziali cesellate. Possibilmente coordinerà il fermacravatta con una spilla, pure d'oro, da colletto, e con gli appositi copribottoni d'oro dei polsini della camicia, ove – eleganza per il vero un po' *rétro* – non abbia optato per i risvolti e i gemelli da polso.

Camicie e camicette

La Donna Elegante deve averle rigorosamente di seta o fibra sintetica trasparente. Se di altro tessuto, l'obbligatoria trasparenza sarà ottenuta mediante traforati *ramages.* In genere amplissimamente scollate, se dotate di bottoniera hanno da essere portate negligentemente slacciate nella parte superiore, in modo da mostrare il reggiseno[6], ovvero da evidenziare che non si ha bisogno dello stesso.

Il reggiseno

È uno strumento complesso **le cui principali funzioni sono di abbi-**

gliamento e di richiamo sessuale. Quella di reggere le poppe non è la sua principale utilità, anche se, nella specifica applicazione, risulta molto importante per provare scientificamente l'autonomia e l'indipendenza dalla legge generale della caduta dei gravi, vale a dire di quelle due singolari prominenze femminili.

A seconda delle progettazioni tecniche, gli esperti hanno elaborato la seguente tipologia:
• da sollevamento semplice;
• da sollevamento per compressione;
• da sollevamento per stiramento e legatura (c.d. "reggiseno a museruola" o "carioca").

Buoni risultati si ottengono con qualunque tipo di reggiseno, anche se, nella scelta, si deve tener conto della correlata **tipologia dei seni in genere, che si distinguono in**:
• "seni a pera", con lo sguardo rivolto verso terra;
• "seni a banana", che puntano ambiziosamente in alto;
• "seni a piattello, o cuscinetto", che guardano davanti o da nessuna parte, se coperti.
Tutta questa tipologia senologica può essere omologata con i descritti strumenti all'ambìto seno a sfera, rotondo, gonfio, dotato d'intrinseca forza di sollevamento.
I componenti di questo seno ideale si chiamano volgarmente "poppe", perché i due emisferi si ergono orgogliosi e rigogliosi come la poppa di una nave sui solcati flutti.

I seni esaltati dal reggipetto, ancorché cadenti e vuoti per età e cure dimagranti, si alzano, si gonfiano e puntano impavidi verso i rapiti occhi dei maschi.
Sembra che un tempo tutte le donne avessero seni di tal fatta: le mitiche Amazzoni portavano libera e nuda, senza bisogno di sostegno alcuno, la poppa di sinistra che non temeva lo schioccare della corda dell'arco.
Le matrone romane lo proteggevano con una semplice fascia mammaria.
Ancora nel '500, di reggiseni non si sentiva gran bisogno.
Narrano le cronache che alla corte del Papa Alessandro VI, durante le cene di gala, le Dame gareggiassero fra loro sfidandosi a raccogliere e trattenere fra gli eretti seni il maggior numero di confetti lanciati da Gentiluomini e Cardinali. La campionessa era una Gentildonna di nobili natali che l'ammirato Vate ricorda con i noti versi: «... un fante, dalle papali coppe / in fra le poppe, / bianche rotonde e dure, / a Giulia Farnese versò le confetture...».
La Donna Elegante avrà dunque cura di sollevare al livello massimo possibile le sue ghiandole mammarie, sì che risultino alte, tonde e rigonfie al maschio sguardo scrutatore.

Le più audaci e innovatrici han cercato di risolvere radicalmente il problema incrementando i vuoti sacchetti penduli con l'immissione di cuscinetti di silicone. A favore di questa moda risulta l'indubbio profitto per i chirurghi plastici; contro, l'assunzione, ad opera delle più care amiche, dell'appellativo "siliconata", e quel curioso fenomeno per il quale le poppe artificiali sembrano vivere di una rigida vita propria, sicché, quando la dama muove il busto, si ostinano a non fare una piega.
Molte Dame di Classe, subornate da insinuanti immagini televisive che trasmettono *défilé* di moda, hanno reagito al siliconamento esibendo il seno *nature* sotto camicette trasparenti o aderentissime magliette. Purtroppo la perfezione non è di questo mondo e l'esibizione di quelle poppe flosce o irrilevanti, sempre caratterizzate da asimmetria e strabismo, ha avuto un effetto *rebaund* che, dopo costose sedute di psicoterapia di gruppo, ha finito per ributtare le meschine fra le braccia accoglienti di quei chirurghi plastici ai quali avevano tentato invano di sfuggire.

Accessori e gioielli

L'Uomo Elegante deve portare bracciali in oro, possibilmente a entrambi i polsi. Molto raffinato il bracciale (Regalo della fidanzata) con piastrina di riconoscimento, tipo cane, recante nome, cognome e gruppo sanguigno. I bracciali multipli si portano su avambracci abbronzati. **Dal collo penderà sempre una pesante catena d'oro** e contestuale amuleto (in genere una croce o la medaglietta con san Cristoforo, perché non si sa mai...). **Dal taschino farà capolino il cappuccio di un'enorme Montblanc,** con clip in oro massiccio, naturalmente, che gli darà un'aria da intellettuale. In tasca avrà, a istantanea disposizione di chiunque intenda fumare (è opportuno un lungo esercizio per acquistare adeguati riflessi), **un accendino Cartier**, apparentemente d'oro massiccio (se ne trovano di ottimi nella salita di Forcella, a Napoli), che normalmente non funziona, ma questo non ha importanza, poiché lo scopo è soltanto quello di esibirlo.

La tasca interna della giacca deve contenere un **Telefono Cellulare miniaturizzato** e dotato di *timer* che lo faccia squillare ogni sette minuti, in modo che egli possa fingere un'importante Conversazione.

Nella tasca dei pantaloni avrà il fazzoletto di fine batista con iniziali e coroncina almeno baronale, che gli consentirà, nell'estrarlo, di tirar fuori il portachiavi con ciondolo spiritoso a forma di pene eretto (anch'esso apparentemente d'oro massiccio).

Portafogli e altro pellame sono ammessi solo se rigorosamente griffati Cartier, Gucci, Chanel, Dior, Dupont (nello stesso luogo napoletano sopra indicato e nelle stazioni di servizio delle autostrade esistono ampie scelte di questi accessori).

La Donna Elegante non ha bisogno di consigli: suo modello da sempre è la Madonna di Loreto o altra venerata Santa ornata di fedeli omaggi ed *ex voto*.

La tenuta da gran sera prevede sette bracciali d'oro su ogni polso, diciotto anelli, almeno due collane e orecchini a pendente. Il tutto sobriamente mischiato a pietre naturali o false. La sua raffinata educazione si paleserà nel mostrare il gioiellame alle amiche e raccontando come accattò a vilissimo prezzo quell'anello con brillante all'asta del Monte di Pietà e quel vezzo di perle a una vendita giudiziaria mercé i buoni uffici di un'amica magistrato.

L'abbigliamento da gran sera è anche consigliato – e largamente adottato – in occasione di feste di beneficenza, galà della Croce Rossa, Verde, Azzurrina o a Pois e durante le operazioni di soccorso ai terremotati, profughi e sinistrati in genere.

L'orologio è un altro classico accessorio molto utile poiché serve anche per conoscere l'ora. Sarà immancabilmente d'oro massiccio e con bracciale d'oro per gli uomini, diamantato per le donne. Molto consigliato dagli esperti del *bon ton* l'orologio di plastica Swatch recuperato dall'uovo di Pasqua del figlioletto o nipotino.

Le borse e i borselli rappresentano il *clou* degli accessori.

Ho soppresso il paragrafo relativo al *bon ton* delle borse femminili quando mi sono reso conto della smisurata varietà dei relativi modelli, raggruppabili per specie nelle seguenti categorie: borsette a mano, borsette

a manici, borse a tracolla, zainetti e una specie misteriosa chiamata *pochette,* forse inseribile fra le borsette a mano.
Un'ulteriore distinzione può essere fatta in relazione alla forma: a secchiello, a busta, a sacco, a bauletto, a sporta ecc.
Quanto all'uso si distinguono: borsette da decoro, da passeggio, da pomeriggio, da sera, da spesa (*shopping*), da scippo.
Concorrono alla varietà delle borsette da donna molte specie animali e vegetali quali il vitello, la pecora, il serpente, il coccodrillo, il pècari, la seta, il cotone, la juta, nonché varie materie sintetiche e mistificatrici. Il materiale raccolto costituirà il primo nucleo documentario di un prossimo trattato sulla borsa da donna. Al momento mi limiterò a ricordare che essa può essere grande o piccola ma, sul piano pratico, questa distinzione è irrilevante poiché, qualunque sia la capacità, le donne riescono a raccoglervi ugual numero di oggetti alla rinfusa: portamonete, portachiavi, chiavi sfuse – fra cui l'introvabile chiave della macchina – rossetto, ombretto, mascara, fazzolettini di carta, assorbenti mignon, Tampax, fazzoletto di batista ricamato, agendina, lettere dell'amante, fotografie di marito, figli e nipoti, telefono cellulare, pettine, spazzola per capelli, specchietto, rotolo di carta igienica, sigarette, accendisigari, agenda elettronica, ago e filo, spille da balia, mutandine di ricambio, boccetta di smalto utile per fermare le smagliature delle calze, burro cacao per le labbra, creme protettive per il volto, occhiali da sole, *foulard,* forcine varie, bigiotteria di ricambio, bomboletta spray antiscippo, caramelle, profilattico perché non si sa mai, tre pacchetti inutili perché c'era una svendita favolosa… e molte altre cose ancora.
Un'*équipe* di scienziati guidata dal prof. Zicchicchirichì sta modificando uno dei fondamenti della teoria generale della materia ("nessuna materia può occupare lo stesso posto di altra materia", detta anche "impenetrabilità dei corpi"), studiando per l'appunto le borsette da donna e il loro contenuto nel segreto dei laboratori sotterranei del Gran Sasso.
È gesto elegantissimo, proprio della Vera Signora, rovesciare sul tavolo altrui il contenuto della borsetta per cercare le chiavi della macchina o l'accendisigari.
In ordine a quest'accessorio (borsetta femminile), non oso aggiungere altro, non essendomi ancora sufficientemente documentato.

Il borsello da uomo, un tempo detto "scarsella" (o "bordone" se appeso a un bastone), è complemento opinabile: data la facilità con cui viene dimenticato in luoghi pubblici, è molto utile alle forze di polizia quan-

do è perduto da un malvivente e ai giornalisti in cerca di notizie ("Generoso gesto di un pensionato: trova un borsello e lo restituisce al proprietario") e questo basterebbe a consigliarne l'uso.
D'altra parte, senza il borsello del tipo "da mano" (che è altra cosa di quello da tracolla o a bandoliera, di forma triangolare allungata, grande, che copre metà petto e fa tanto "coatto"), l'Uomo Elegante è costretto a sformare la sua snella sagoma con rigonfiamento della tasca posteriore, causa portafogli, sbrindellamento di tasca o taschino, causa cellulare, deformazione delle tasche della giacca, causa pacchetto di sigarette, fazzoletto, chiavi della macchina, profilattico ecc.
Inoltre, secondo autorevoli esegeti, il borsello da mano, se vistosamente griffato, rende grazioso l'incedere, occupa quella mano che non si sa mai dove mettere passeggiando e dà un tocco di femminilità alla maschile figura, il che ben si addice ai civilissimi tempi nostri, quando non più per diversi son tenuti "femminielli", *viados* e omosessuali.

Il cappello è – malauguratamente – accessorio pressoché obsoleto. La progressiva scomparsa del copricapo femminile ha determinato l'estinzione della razza delle graziose modiste care a Guido da Verona e la perdita di una creatività, spesso un po' *naif*, ma altrettanto spesso geniale.
Molti sospettano che i grandi *coutu-*

rier abbiano decretato l'abrogazione del cappello femminile perché gelosi dell'inventiva delle umili modiste di provincia.

Al giorno d'oggi la donna elegante non usa il cappello se non in particolari occasioni. Mai ella inalbererà il fiero copricapo in riunioni *en plain air*, ché la funzione del glorioso accessorio non è riparar dal sole, dalla pioggia, dal gelido vento di tramontana, ma *épater* le altre donne e render simile a un fiore cresciuto in savana di capellute teste quella che lo indossa.

Siano dunque rafie e feltri amplissimi, elaborati, guarnitissimi, con tese variopinte di organza, splendenti di piume colorate, mazzetti fioriti e frutta di stagione in ogni lussuosa sala ove celebransi comunioni e nozze e festeggiamenti per la recente commenda dell'anfitrione. Sappia tuttavia l'Elegante Dama che, se non seppe scovare un inusitato, mostruoso (*absit iniuria verbo*) trofeo che la renda unica agli sguardi, meglio è che si astenga.

Quanto all'uomo, la virile calvizie ormai sempre più precoce rifiuta ai giorni nostri la gloriosa paglietta, il nobile cilindro, la disinvolta bombetta in uso fino a tempi relativamente recenti, dalla quale derivò per moda la veneranda lobbia (dall'immagine fotografica diffusa dalle gazzette ai primi del '900 di una bombetta ammaccata nel mezzo, giacente al fianco di un cadavere, misteriosamente reso tale da ignota mano). E rifiuterà anche l'eccentrico "fez" (inventato dall'ultimo Sultano di Turchia per rendere agevole la triplice preghiera quotidiana ai suoi poco marziali soldati che, prima, per batter la fronte a terra, dovevano togliersi il berretto a visiera), inopinatamente eletto a copricapo nazionale dai nostrani fascisti che pure non avevano di quei problemi.

È consentito, e talvolta consigliato, l'uso di sportivissimi berretti, possibilmente di *cachemire* a disegno scozzese, da indossare con abito e cappotto da sera in occasione delle invernali prime teatrali. In ogni altra occasione l'Uomo Elegante indosserà eventualmente i classici berretti *Nike,* che il Gentiluomo di giovane aspetto e disinvolti

modi amerà portare rovesciati, con la visiera sulla nuca.
I maleducati e quanti, fatta rinuncia a ogni giovanile spirito, tengon soltanto alla protezione dell'ormai disadorno cranio, incedano pure, commiserati, con la vetusta lobbia, o il derivato Borsalino, o il tropicale Panama.

Le pellicce

Costituiscono un particolarissimo e controverso accessorio. Un tempo appannaggio di popolazioni barbare, poi elemento squisitamente femminile e fonte di perverse suggestioni (v. Venere in pelliccia del sig. Masoch), la Pelliccia è simbolo di opulenza, ma anche complemento della complessa sessualità donnesca, che in Quella – morbida, protettiva, avvolgente, tenera, carezzevole e sfuggente al tatto, tepidamente uterina – racchiude le non caste membra e misteriosi, caldi effluvi.
Ai giorni nostri essa è oggetto di furibonde campagne di perversi animalisti, adoratori della "Bestia" (checché s'intenda con tale termine) e segaligne femministe, i quali tutti, notoriamente e per principio, calzano scarpe di plastica, indossano cinture di tela grezza, hanno nelle tasche portafogli di similpelle, non mangiano carne, né pesce, né uova e, quando vanno al maneggio, montano i cavalli a pelo rifiutando le coriacee selle. Voglion costoro che sian tenute per sanguinarie e assassine donne e donzelle che indossano la pelliccia, ignorando quanto sian malvagi i visoni dagli aguzzi denti, i feroci ermellini, le callide volpi assassine di galline: animali tutti che mai sarebbero nati se non esistessero gli allevamenti.
Ma tant'è. E del resto, in siffatta materia, esistono illustri precedenti di demagogica illogicità: san Domenico ebbe a dire: "Io non voglio studiare sulle pelli di animali uccisi, mentre tanta gente muore di fame". Cosa c'entri il fatto che i testi fossero scritti su pergamene con i presunti morti di fame, è incomprensibile. Come faceva san Domenico a esser certo che le pecore dalle quali erano avanzate quelle pergamene, non fossero state divorate anche dai poveri (magari solo le disprezzate frattaglie)?
Ma i Santi possono dire sciocchezze ("santa ingenuità!"); gli animalisti risultano solo stupidi. Essi ignorano che, da sempre, la pelliccia fu l'onor della donna, trofeo dedicato all'eletta dal gran cacciatore, segno di nobiltà, inimitata protezione dal gelo, prezioso complemento di bellezza (guardate come splende il volto della scialba fanciulla quando le mani lo incorniciano voluttuosamente nell'ampio collo di visone e come quella stessa che nessun nota se incede immersa nell'umile, prosaico cappottino di lana attiri invece ogni

sguardo, ove impellicciata!). I suddetti animalisti e femministe sappiano che essi sono gli epigoni di quella grottesca schiera di rozzi, misogini notabili che imperversarono con altisonanti grida nei medievali Statuti contro l'uso del vaio e dell'ermellino nei mantelli femminili, senza risultato alcuno, per fortuna!
Non tema, dunque, la Dama Elegante: inceda coraggiosa e altera, avvolta nelle ben conciate pelli tra le sferze della tramontana.

Sommamente raffinato, tuttavia, è **rivendicare il valore estetico della pelliccia più che la sua utilità**. S'indosserà dunque la mantella di lucido visone negli affollati cerimoniali e nei ricevimenti e mai si tolga, sì che ognuno possa ammirarla.
Si sfidi la calura del solleone e il buon senso camminando sulle affollate spiagge con un due pezzi di ocelot.
Si onori quel che fa donna la donna, segretamente indossando slip di ermellino.
Elegga ognuna, a seconda della sua figura, la pelliccia adatta: la donna piccola e rotonda si avvolga nelle vaporose volpi, e la spigolosa nell'austero astrakan alamarato (con stivali neri da cosacco e colbacco a *pendant*).
Solo quella che non ha generosi amanti scelga le sintetiche pellicce, e che siano le più vistose, tipo leopardo o tigre siberiana, e si proclami animalista.

La pelliccia maschile, tornata di recente in voga, è il *top* dell'eleganza. Si lasci l'abusato *shearling* o montone più o meno rovesciato a quelli che credono serva a proteggere dai rigori dell'inverno e si elegga il virile pastrano di pelliccia di lupo a vista, o anche il nero visone tagliato in

militaresca foggia. I più poveri possono sempre riciclare il collo di visone sottratto alla moglie e farlo adattare al cappotto di cammello dall'abile sarto.

I CAPELLI

Sono erroneamente considerati un naturale attributo del cuoio capelluto. In realtà **sono tipici accessori dell'abbigliamento che debbono essere scelti**, atteggiati, colorati e portati secondo i canoni dell'eleganza e la naturale educazione e sensibilità di ciascuno. Prova ne sia che i capelli naturali sono per lo più aborriti – specie dalle donne, ma, ora, anche dagli uomini – colorati artificialmente, modellati e scolpiti in modi ingegnosi, sostituiti con parrucche e posticci di varia foggia e colore.

Se si guarda alle percentuali di diffusione per sessi, i capelli andrebbero considerati un tipico accessorio femminile, ma si può tranquillamente concedere che, sia pure con discrezione, anche l'uomo se ne orni. Per il vero **i maschi della razza umana hanno sempre tentato disperatamente di conquistare alla parte virile quest'ornamento**.

Gli antichi Egizi adottarono, a un certo momento della loro lunghissima Storia, una soluzione radicale: rasarono la testa a uomini e donne e si acconciarono il capo con elaborate parrucche.

Le esigenze maschili sembrarono trionfare fra il XVI e il XVIII secolo generalizzando l'uso della parrucca. Motivo ne fu che Luigi XII divenne calvo all'età di trent'anni e, per nascondere il fattaccio, cominciò a portare parrucche giorno e notte, inducendo tutta l'Europa a imitarlo.

Purtroppo il fatale 1789, surrettiziamente preceduto da una riscossa femminile che spese capolavori d'ingegneria e d'inventiva nelle parrucche da donna, fece perdere all'uomo il primato nell'uso dell'accessorio in questione, rese obsoleta la parrucca maschile e condusse i maschi a gravi turbe psicologiche, conseguenza di maldestri tentativi di occultare le virili alopècie.

Quanto sia sempre stato grave e gravido di conseguenze il problema quasi esclusivamente maschile della calvizie lo dimostrano, nel Mito, la favola di Sansone che, con i capelli, perse forza, virtù e invincibilità e, nella Storia, la vicenda di Giulio Cesare. Quel singolare personaggio possedeva il mondo, ma non si dava pace al pensiero di essere "ridotto in piazza". Quando passava in rivista le quadrate legioni, i legionari lo sfottevano: «... ecco il libertino calvo, marito di tutte le mogli, moglie di tutti i mariti...», dimostrando il fallimento del nascondere la calvizie con la corona d'alloro che egli portava costantemente. Allora Cesare, disperato, pensò che se avesse potuto tenere sul capo una vera corona da Re, nessuno si sarebbe accorto che non aveva i capelli, e convinse Marco Antonio a offrirgliene una pubblicamente. Antonio non era molto intelligente e, durante i giochi al Circo, gli presentò ostentatamente un "diadema", cioè una fascia d'oro con cui cingere la fronte secondo l'usanza dei monarchi d'Oriente. Si trattava di orpello chiaramente inutile allo scopo, e Cesare, arrabbiatissimo, lo rifiutò, sebbene Antonio insistesse nella proposta per ben tre volte.

Anche altri personaggi della Storia ricorsero ad analoghi, meschini stratagemmi per nascondere la calvizie. Napoleone il Grande si faceva il "riporto" sulla fronte, ma i soldati dell'*Armée* non la bevvero e continuarono a chiamarlo "*Le Tondu*", il Pelato. Sembra che la depressione di cui fu visibilmente preda a Borodino e a Waterloo, fosse stata innescata dalla disperazione di essere quasi calvo.
I giorni nostri hanno visto un noto imprenditore e uomo politico, desolatamente afflitto da incipiente "calvizie da impiegato", partecipare a un congresso di trapiantisti d'organi. Pur non essendo riuscito a seguire le difficili dissertazioni tecniche dei relatori, volle comunque donare un pingue assegno per la ricerca, domandando (e non era una battuta di spirito) all'illustre chirurgo cui lo consegnava: "Dunque, professore, quanto tempo ci vorrà per realizzare questo trapianto di capelli?".

ACCESSORI PER CAPELLI
L'Uomo Elegante usa come accessori specifici il *toupet*, il difficile "riporto", il "codino" e, in casi estremi, la parrucca.
Ha in comune con le donne l'uso costante di coloranti e decoloranti.

Il *toupet* consiste in un ciuffo più o meno grande di capelli finti che vale a coprire le zone calve del cranio.
Conobbi, moltissimi anni or sono, un brillante investigatore che aveva la parte superiore della testa completamente calva.
Un giorno d'estate lo trovai, inopinatamente, con il cranio fiorito di una magnifica capigliatura.
Di fronte alla mia sorpresa mi spiegò che stava per andare in ferie al suo paese sulla riviera romagnola e che doveva adempiere ai suoi doveri di *latin lover*. Mi descrisse le sue tecniche di seduzione, fra le quali rientravano gite in barca e tuffi in mare.
Scherzosamente domandai se si sentisse sicuro di non perdere il posticcio durante un tuffo e quello mi rispose che aveva risolto il problema da molto tempo.
Si afferrò i capelli e se li strappò via con un colpo deciso mostrandomi un ampio cerotto incollato al cuoio capelluto sul quale erano fissati

quattro bottoni automatici che, secondo lui, garantivano l'inamovibilità del prezioso accessorio.
Da allora le tecniche sono mutate in meglio, ma la precarietà del *toupet* resta e richiede in chi l'usa molta prudenza e una notevole limitazione di movimento.

Essendo incorso in qualche ovvio infortunio d'improvviso cedimento del *postiche*, il Dott. Prof. ***, stimato medico primario all'ospedale di ***, al quale va la mia reverente ammirazione, ricorse al **"riporto"**.
Da scienziato qual era, non si accontentò della modesta pettinatura trasversale dei residui capelli, ma, studiato a fondo il problema, decise di farsi crescere fin quasi alla vita quelli che, ancora abbondanti, fluivano dalla nuca. Ciò ottenuto, li sottopose a ondulazione permanente, li riportò sul davanti, mescolandoli ai pochi che restavano all'altezza della fronte, li piegò e ripiegò inserendo minuscole forcine e li fissò con apposite lacche.
Il risultato fu una sovrabbondante chioma che attirava ogni sguardo e faceva scoppiare d'invidia i coetanei. Alcuni inevitabili inconvenienti si verificavano nel corso di lunghe sedute conviviali in caldissime trattorie, perché i capelli tanto diligentemente acconciati, tendevano ad allentarsi e a sciogliersi, le lacche a colare sul volto sudato, la calvizie a occhieggiare, lucidissima, fra le nere bande; ma si trattava d'irrilevanti particolari che non nocquero alla fama di uomo elegantissimo e di raffinati gusti dell'esimio professionista.

Il "codino", universalmente accettato al giorno d'oggi, è un succedaneo compensativo dell'incipiente calvizie. Anzi, quel suo essere tutto di dietro in qualche modo presuppone lo stiramento posteriore dell'intera residua chioma e l'orgogliosa nudità della fronte e delle tempie, virilmente ostentate.
È un accessorio giovanile, sbarazzino, molto adatto a ben portanti ultrasessantenni. Se adottato dalle donne si chiama "coda di cavallo"; se portato dai Cinesi e avvolto a treccia, testimonia

la sudditanza agli invasori mongoli ed è molto utile per essere trascinati attaccati alla sella di un destriero.

Le parrucche sono di varie fogge, colori, dimensioni. **Si distinguono in femminili e maschili**.
L'uomo con la parrucca è molto elegante e ben accetto in società. Nella donna, la parrucca è difficilmente distinguibile, specie quando essa è stata confezionata esattamente uguale alla chioma naturale e usando i capelli caduti alla proprietaria.
Gli studiosi ancora s'interrogano sul motivo che induce le donne dotate di abbondante capigliatura a far uso di parrucche: quando gli studi al riguardo saranno giunti a conclusione, ne darò conto in un libretto divulgativo.

Il colore dei capelli dev'essere considerato anch'esso un accessorio.
Non esiste una regola generale del colore: si spazia dalle naturali tinte – nere, rosse, castane o bionde – fino alle più audaci, elegantissime, su tutti i toni del verde, del turchino, dell'amaranto e del violetto.
Si possono anche combinare più colori sulla stessa criniera, e in questo caso si parlerà di *mèches* o, liricamente, di colpi di sole.

Le donne e i giovanissimi maschi hanno licenza di usare qualunque colore ad arbitrio proprio o del geniale *coiffeur* di fiducia.
Agli uomini più attempati, invece, è consentito l'uso della tinta per capelli soltanto se dotati di particolare buon gusto e gentilezza di modi, essendo intollerabile ai più la vista del crine malamente tinto in testa al rozzo cafone.
Il Gentiluomo che, giunto a un'età ingiustamente avanzata, vede in periglio il suo giovanile portamento a cagione della progressiva canizie, ricorrerà alla mirabile tintura di cui l'accorto barbiere dirà: "Commendatore, le toglie almeno dieci anni!".
Fatto pago da tale assicurazione di un tecnico e dalla compiacente immagine che riflette l'interrogata specchiera, incede fra i suoi pari, altero e rinfrancato. Si addice il nerissimo colore alla riconquistata giovinezza e trae con sé la promessa di dimenticate *performances* erotiche, giacché, come ognun sa, le cause della senile

impotenza sono per lo più psicologiche, facilmente sconfitte dalla ritrovata sicurezza di sé.

Per misteriose ragioni ormonali, tuttavia, **la tintura ha negli uomini singolari effetti**: scolora, sbiadisce, rapidamente cangia in purpuree tinte. È il cosiddetto "rosso menopausa", colore che tanto si addice ai Signori di mezz'età, colore cui ambiscono le Dame invidiose, ma le cui sfumature più belle sono soltanto maschili.
Non tema il Gentiluomo e vada fiero di questa variante cromatica, maliziosa gioia per gli occhi e audace vanto di giovanili spiriti; piuttosto, sia prudente, previdente e accorto: mal si addice il nero crine quando gli infidi peli, solitamente celati ai più, restano desolatamente bianchissimi e stimolo, se scoperti, a sguaiate risa e penose gesta consolatorie.
Curi dunque, con quel che avanza della preziosa tintura, di far tornare ai pristini colori il vello dell'ampio torace e, quel che più conta, l'ispida pelliccia con cui natura orna ciò che per l'uomo è sia pur sfiorito vanto.

I profumi: un po' di Storia

Sono essi un fondamentale accessorio per maschi e femmine. Sebbene l'età nostra sia lontana dalla cultura del profumo che contraddistinse il Mondo Antico e tornò in auge nel XVIII secolo (che fu detto "Il Secolo dei Profumi", grazie al sacrificio e all'ingegno di una grande industria che tuttora profonde tesori in pubblicità), vi sono odoriferi segni che tanta civiltà venga recuperata nel luminoso Secolo affacciato al nostro orizzonte anagrafico. La ragione utilitaristica, oserei dire la necessità, ne determinò la diffusione nei tempi andati.

I Romani Antichi scoprirono, fra l'altro, la funzione voluttuosa dei *ferormoni*, pur senza saperne il nome: i padroni delle scuole di gladiatori raschiavano con lo *strigile* il sudore dai corpi degli atleti e, raccolto in flaconi, lo vendevano a peso d'oro alle matrone che lo mescolavano a preziose essenze e se ne aspergevano, sicure del conseguente richiamo sessuale.
Nel '600, come anche nel Secolo dei Lumi, la rete stradale delle maggiori città d'Europa, Londra, Parigi, Roma, Napoli, Firenze, Venezia era, in sostanza, un sistema fognario a cielo aperto. Al mattino, stante la mancanza di servizi igienici, da tutte le finestre si rovesciavano in strada gli orinali stracolmi; cavalli, buoi, pecore che andavano a nutrire il gran ventre delle città lasciavano nel fango i loro escrementi. Unico rimedio era la pioggia che, qualche volta, riusciva a lavare lo strame con cui s'impastava quel maleodorante fango.
La magnifica Reggia di Versailles,

costruita (in luogo malsano e paludoso) per sfuggire al fetore di Parigi, aveva un'unica latrina, pertinenza dell'appartamento reale e, peraltro, poco usata. Le migliaia di persone che dormivano nella reggia, per lo più su letti di fortuna che venivano montati la sera e smontati la mattina, fornivano abbondante materiale urinario e fecale che veniva gettato dalle finestre quando i cortigiani si svegliavano. Ai nobili ospiti che intendevano fare una passeggiata mattutina si consigliava di non camminare rasenti ai muri del palazzo per non incorrere nel rischio d'esser inzuppati e lordati dal contenuto di un pitale. Quello era il luogo più civile d'Europa!
Ben si comprende, allora, come i profumi fossero una necessità. Si usavano, oltre che per coprire gli odori del corpo che i medici proibivano di lavare, per imbibire le spugne da poggiare al naso quando si girava per le vie di Parigi e i fazzoletti ricamati con i quali si proteggeva l'olfatto nel salone degli specchi della Reggia.

Al giorno d'oggi il profumo è invece un autentico, edonistico accessorio e, come tale, un segnale lanciato al prossimo: **più che ornamento del corpo, è voglia di piacere, richiamo sessuale e dilettevole sollievo all'odorato altrui**.
La qualità del profumo distingue la persona gentile e di nobili comportamenti, dalla volgare e abbietta. Si devono distinguere le *eaux de toilette*, le *eaux de parfum*, i *parfums* e le essenze.

Le *eaux de toilette* sono generalmente pregevoli per la bellezza della forma e la qualità del cristallo dei flaconi che le contengono. Ambite da collezionisti e giovanette rampanti ipnotizzate dall'etichetta con il nome del gran profumiere, contengono liquidi colorati altamente volatili. Dal punto di vista olfattivo sono il trionfo dell'effimero: in genere dopo quindici secondi il naso più raffinato non riesce a trovarne traccia sulla pelle.

Le *eaux de parfum*, che garantiscono alcuni minuti di persistenza dell'aroma, sono sempre nobilmente griffate, costano molto di più e si trovano, in genere, nelle borsette di commesse e sciampiste che ne fanno oculato uso.

Il *parfum*, venduto in microscopici flaconi acquistabili con appositi programmi di finanziamento delle Grandi Banche, viene regalato, una volta nella vita, dal marito alla moglie; alle amanti è invece dovuto subito dopo la prima prestazione.

Le essenze, che sono vendute a peso d'oro, hanno una gamma olfattiva limitata, poiché sono la base con la quale si creano i profumi veri e propri; si usano a gocce in punti strategici del corpo, sono molto contagiose e, in genere, sono usate per marcare il maschio infedele in modo che possa essere facilmente individuato dalla moglie.

Il profumo reagisce al contatto con la pellicola lipidica dell'epidermide – che è diversa in ogni individuo – e quindi cambia aroma... per così dire, si personalizza. Nessun profumo è funzionalmente buono in sé, ma soltanto se indossato da una determinata persona.
È difficilissimo individuare il profumo adatto alla propria personalità, ma, una volta trovato, non lo si abbandoni più, divenga un tutt'uno con il nostro corpo e sia segno d'identità.

Il Gentiluomo, e più la Gentildonna, saranno sempre abbondantemente profumati. È necessario che il profumo annunci a un'intera sala la presenza dell'elegante persona prima che sia vista.

Chi non intenda sperperare il proprio patrimonio nell'acquisto di preziose essenze, può ricorrere al sempre valido e autarchico "odor proprio". Questo si ottiene facilmente evitando i profani bagni quotidiani e aborrendo l'uso del sapone; per chi non possa farne a meno, si consiglia l'adozione di particolari pellicole protettive in plastica o lattice di gomma da applicare alle ascelle e all'inguine: esse consentono di mantenere e non disperdere i fermentati sudori e altri distillati corporei. Si tratta di una pratica largamente in uso, come ben sa chiunque frequenti autobus e vetture tranviarie, o palestre, o affollate tavole di ristoro, o, ancora, il bancone del bar di uno *chalet* sulla spiaggia, ove il robusto e virile pseudo-bagnante si appoggia per portar la bibita alle labbra alzando il gomito e facendo fiorire la villosa ascella.
Quanti storcono il naso vanno scherniti e disprezzati: costoro, sotto specie di personale igiene, nascondono gravi turbe

sessuali denunciate dall'evidente mancanza, nei loro distillati corporei, dei ferormoni, i quali, come c'insegnano autorevoli scienziati dalle pagine delle riviste femminili, sono un naturale richiamo per il sesso opposto.

Ove invece si opti per il profumo, questo sia intenso, fruttato, dolcissimo e susciti, ben mescolato al fermentato e ferormonico sudore delle ascelle, fremiti prolungati alle narici di ogni astante.

Si cosparga il Gentiluomo d'intensissimi dopobarba e, sopra quelli, spruzzi l'aroma della preziosa bottiglietta o, meglio ancora, del flacone da mezzo litro che poco costa e consente un'odorosa, totale aspersione.

All'uomo, come alla donna, si addice il deodorante, che consente, risparmiando la fatica del volgare lavacro delle ascelle, di creare originali *mélanges* che affascinano ogni naso.

Si lasci alla gente da poco, timida, scarsamente visibile, destinata a esser negletta nelle affollate sale, il parsimonioso uso di un *bouquet* lungamente cercato, soverchiato appena da un vago odor di raffinato sapone, alla cui scoperta occorre l'intimità di un abbraccio o di un bacio.

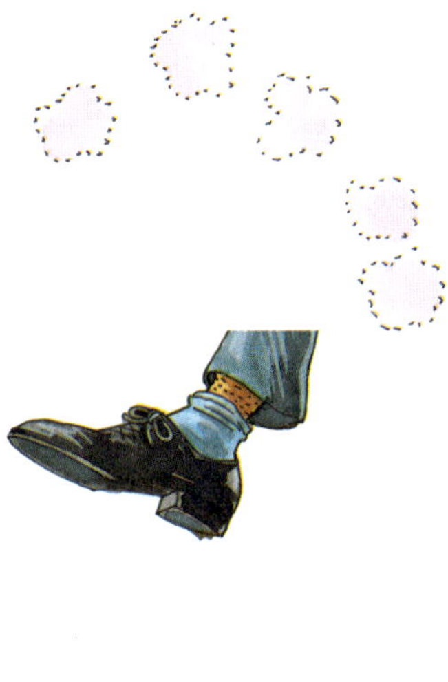

DEL MODO DA TENERE NE' CONVIVI

LE USANZE DEL PASSATO

È arte antica, ma soltanto ai giorni nostri giunta al culmine della perfezione, quella del ben comportarsi nel sedere alle mense.

Già ne fa cenno il buon Omero che, sia pur mitologicamente discorrendo, detta alcune fondamentali regole: **deve il padrone di casa esser assiso in posizione eminente**, il secondo posto, alla sua destra, spetta all'ospite d'onore al quale si offrono i migliori bocconi e si versa il vino; alle spalle dei commensali si aggirerà il coppiere, pronto a prevenire ogni desiderio.

Quanto al sesso femminile, è ammesso che siedano a tavola soltanto etère e prostitute, in ragione del misterioso nesso che lega cibo ed eros.

I Romani, gente pratica, ne dedussero che per stare a tavola erano più idonei i letti che le panche. Si tornò alle panche nel Medio Evo sol perché la Chiesa proibì quel perfetto connubio di sesso e vivande.

I barbari tempi elaborarono poche regole di galateo conviviale: le più pregnanti riguardavano l'uso delle tre dita della mano destra per afferrare e portare alla bocca i cibi, con finale, grazioso succhiamento d'ogni singolo dito.

Per il resto tutto si svolgeva con militaresca quanto germanica semplicità: si mangiava fino a scoppiare e si buttavano ossa e scarti a terra, confidando nei numerosi cani che accompagnavano i cavalieri.

Messer Dante Alighieri, abituale ospite alla mensa di Can Grande della Scala, fu messo alla berlina dai nobili gozzovigliatori che gettarono ossa e scarti del loro desinare sotto la sua panca, sì da far credere che Egli si fosse abbuffato oltre ogni decenza.

Dante si offese moltissimo, ma la baia deve aver girato l'Italia se Cecco Angiolieri, che stava a Roma, lo tratta da bagolaro e scroccone («Dante Alighier, s'io son buon bagolaro / tu mi tien ben la lancia alle reni...»).

Deduciamo da ciò, con *argumentum a contrariis,* che **era regola di *bon ton* non esagerare nel rimpinzarsi di cibo alle spalle dell'anfitrione**. Che cosa poi si possa intendere per "rimpinzarsi" è oggi difficile immaginare: a que' tempi, un pranzo non era un pranzo se non venivano cucinate, presentate, divorate, quantità enormi di vivande variamente preparate.

Nel '300 alla Corte Angioina si poteva consumare un pasto così composto:

• Cavoli verdi bolliti in brodo di carne con finocchi;

• Spinaci fritti con olio e cipolla;

• Piselli schiacciati cotti con il lardo pestato;

• Fave novelle lessate in latte di mandorle;

• Brodo alla provenzale di polli bolliti con menta, zafferano, prezzemolo, rosmarino e condito con cannella, chiodi di garofano, noce moscata, sommacco, cardamomo, miele e zenzero;

• Polli lessati e poi fritti con lardo e cipolle, conditi con prugne, uva passa, mandorle, datteri, zucchero;

• Fagiani lessati, lardellati, cotti in crosta di pasta iniettando succo di limone e acqua di rose.

A questo punto veniva servito uno scherzo: "Il Pasticcio di pasta di crusca riempito di uccellini vivi". Quando i signori aprivano il pasticcio, gli uccellini volavano via e i commensali erano gabbati con gran divertimento.

Si proseguiva quindi con:

• Cinghiale bollito con spezie, aceto, cipolle e lardo;

• Lepre e coniglio allo spiedo con molto pepe e vino, o aceto;

• Ravioli con ripieno di maiale o capretto;

• Lasagne bollite con spezie e formaggio grattugiato (per mangiarle occorreva servirsi di un bastoncino di legno);

• Pasticcio di trote e salsicce di pesce (per fare le salsicce si bolle il pesce, si spolpa e si pesta in un panno con erbe e spezie, quindi si frigge questa pasta in forma di salsicce).

Seguivano i dolci, il più apprezzato dei quali era il pan di zucchero, dal quale i commensali strappavano zolle con le mani succhiandole e sgranocchiandole con ingordigia. Si consideri che lo zucchero era merce rara e compariva solo sulle mense dei signori.

Ed ecco, in rima, dal *Saporetto* di Simone Prodenziani, il *dessert* medievale:

Poscia che furon lassi ognun se posa,
e i famegli arrecar vini e confetti
de succar tutti e pur li più perfetti
ch'io vedesse giàmai niuna cosa:
trasea, corandi, cetri e spognosa,
marsapan, succa, pinocchiati, eletti

bianchi, vermegli, verdi, e d'or coverti,
annasi, gengiovie, de spezia copiosa.
Comme fior de cannella e cennamomo,
aghetti, mace, ancor noci moscate,
garofani, cubebi e cardamomo.
Poi vennero le cialde inzuccherate,
chiariera in quantità che n'ebbe ogn'uomo;
poi a sacco confetti fur grappati.

Chi voglia saperne di più può dilettarsi nella lettura di quell'antico testo, dal quale ricavo che a ogni banchetto **presiedeva un maestro di sala che si preoccupava anche del rispetto del Galateo**, particolarmente controllando che gli ospiti si lavassero le mani prima di dar inizio al pranzo.

Dettagliati menù si trovano nell'opera di Cristoforo Messisbugo, scalco alla corte estense. Una famosa cena si compose di dodici portate di antipasti, dieci di carne e pesce, ancora dieci di selvaggina, pesce e contorni, altre dieci di pernici, capponi, trote e altro, poi dieci vivande dal capretto al riso fritto, ancora dieci portate dalla porchetta alle aguglie, nove di pavone, cinghiale, orate, salse varie, dieci portate di dolci e frutta, sei di ostriche, dolci, arance, quindi nove portate di dolci vari e, per finire, sette portate di zucchero e frutta fresca.

I commensali di questa cena erano in numero di 104 e furono dotati ciascuno di una salvietta e tenuti a lavarsi le mani con acqua di rose. Fra una tornata e l'altra di vivande ci furono nell'ordine: musica con cantanti, recitazione di madrigali, tiritera d'archi, ancora musica con cantori, rassegna di strumenti a fiato, spettacolo d'arte varia (tipo *cabaret),* esibizione di buffoni e maschere, altra musica e, infine, lavaggio ulteriore delle mani e tombola finale con ricchi premi e *cotillons.*

I vari trattati *De re coquinaria* dell'epoca, ma anche il *Baldus* di Teofilo Folengo, che ne conta almeno venti, danno le molte ricette della cucina medievale. Son esse materia di meditazione e commiserazione de' barbari gusti dell'epoca, giustamente da noi corretti, reietti per lo più, censurati e ignorati dai tanti coltissimi gentiluomini che nelle cittadine tosco-umbro-marchigiane organizzano nelle sere estive le famigerate "Cene Medievali", a base di bruschetta, fagioli e salsicce.

Sarebbe infatti vituperevole, temeraria, oscena cosa riproporre taluna di quelle ricette sì contrarie all'odierno gusto educato nei *fast food* di McDonald's e confrontar le nostre moderne gastriti con gli speziati cibi, il costante sapore agrodolce, le elaborate paste, fosser anco i napoletanissimi spaghetti, la cui prima ricetta si trova in quelle antiche opere.

In ogni caso contraddirebbe in modo inaccettabile la cattiva opinione che abbiamo del modo di vivere dei nostri medievali progenitori.

L'APPARECCHIO DELLA TAVOLA

Apparecchiare la tavola è bisogna tradizionalmente riservata alla donna e da questa strenuamente difesa come atta a dimostrare la frequentazione di rinomati collegi svizzeri. In tale frangente si rivela la Gentildonna e si svela la turlupinatrice che callidamente finge d'esser adusa alle buone maniere.
Non possiamo entrar nel dettaglio delle infinite, sottili regole che governano la materia dell'apparecchiamento, e **dobbiamo inevitabilmente limitarci ad alcune schematiche glosse**.

All'apparecchio della tavola per un convito occorrono *in primis*: una sala, un tavolo, un numero adeguato di sedie.
La sala (un tempo "sala da pranzo" nelle dimore delle classi più o meno abbienti, talvolta usata anche per far dormire il figlio minore su un divano letto) dev'essere quanto più piccola possibile, sì che gli ospiti, fraternamente affastellati, sentano un che d'intimo nella conviviale riunione e non disperdano voci, membra e odori in un vasto spazio. Propri dei *parvenus* sono quei grandi saloni ove i commensali siedono a una chilometrica mensa, serviti da camerieri che viaggiano su pattini a rotelle. Secondo alcuni, quelle immense sale da pranzo, esibite spesso in lungometraggi di successo ambientati in manieri inglesi, sono state l'ultimo tentativo della negletta classe nobiliare per mantenere il privilegio del "pranzo", rendendolo inaccessibile ai borghesi abitatori delle case popolari e delle villette a schiera.
Le sedie sono il complemento indispensabile dell'Apparecchiatura per il convivio. Poiché questo è una cerimonia, e non un'occasione per bagordi, le sedie non dovranno mai essere troppo comode.
Si deve dare la preferenza a sedie dall'altissimo schienale che si alzi non perpendicolare sulla seduta, ma inclinato verso l'interno, sì da costringere l'ospite, che, incauto, non si munì di busti-

no acconcio, a sedere eretto sul bordo della sedia e a dimenarsi, facendo forza sui gomiti appoggiati al tavolo, per trovar sollievo al rachide. Questo tipo di sedia risulta utile per contenere entro lassi di tempo convenienti il pranzo o la cena.
Molto alla moda e segno di cultura e buon gusto, **l'Apparecchio "Conventuale"**, che consiste nell'arredare la mitica "Cantinetta" (culmine della casalinga frenesia edilizia dei tanti Gentiluomini divenuti ricchi senza aver avuto il tempo di raschiar la gleba dalle suole delle scarpe) con tavoli "fratini" e panche.
Questo tipo d'arredamento conviviale è particolarmente gradito agli ospiti, li costringe a tenere dritto come si deve il busto e combatte anche la cellulite mediante l'inevitabile dimenarsi sulla lucida, durissima panca delle natiche in cerca di sollievo agli incipienti calli.
Quanti sostennero che chi non ha comodissime sedie deve astenersi dall'invitare a pranzo anche il suo peggior nemico, sono stati smentiti dai fatti e dalla moderna architettura d'interni.

La tavola deve avere un rapporto matematico di ampiezza e altezza con le sedie. Il perfetto tavolo da pranzo ha un perimetro esattamente pari alla lunghezza delle sedie messe l'una accanto all'altra: non deve essere inferiore, perché altrimenti non vi sarebbe posto per tutti, ma neppure superiore per non distanziare troppo gli ospiti e turbare quel senso d'intimità di cui si è detto sopra. Inoltre, se le sedie sono poste a contatto l'una con l'altra, viene favorito il fenomeno prandiale del Sottotavolo (v. oltre).
La tavola da pranzo propriamente detta è un piano generalmente di legno, di cristallo o di metacrilato di lunghezza variabile e di larghezza almeno pari a quella del diametro di due piatti (questa larghezza è quella usualmente adottata dai ristoranti francesi e la cui conseguenza è che un locale di ristoro francese può contenere il 225,72% di avventori in più rispetto a un locale italiano di pari ampiezza).
Sulla tavola si stende un panno di fustagno, felpa o altra stoffa pesante e, sopra questo, una tovaglia, possibilmente pulita. Se macchiata, si disporranno pesanti fioriere a nasconder le prove di pregresso uso; se rammendata, la Signora della casa ne trarrà vanto dichiarando che trattasi di corredo della defunta Lucrezia Borgia, acquistato per una somma favolosa in una casa d'aste di Ferrara.
Coordinate alla tovaglia dovrebbero essere le salviette, possibilmente di lino ricamato; ma questa è usanza antica, come appresi dalla signora ***, allevata in un College inglese, e dalla signora ***, educata dalle Suo-

re Orsoline della Capitale. Oggi, decenza, igiene ed elegante *nonchalance* consigliano, con quel lieve tocco di modernismo proprio della Vera Signora, di arredare la tavola con tovaglioli di carta. Fra questi la preferenza va a quelli colorati, *bleu*, rossi, gialli, verdi che, se di buona fattura, ravvivano le esangui bocche degli ospiti.

Ove vengano ancora usati da Dame più tradizionaliste i tovaglioli di stoffa, si avrà cura di frequentare appositi corsi per apprender l'arte di simular con quelli, opportunamente piegati, fiori, barche e ogni sorta di animali, sfidando quindi malignamente l'ospite a riprodurre la stessa figura con la sciolta salvietta. In genere l'invitato si esaurisce in vani tentativi, fa una figuraccia, lascia tracce brunastre sull'immacolato lino e perde l'appetito: con ciò la Padrona di Casa ottiene un minor consumo di vivande.

Sulla tavola saranno disposti in bell'ordine elementi ornamentali: in primo luogo vasi di fiori a tutta altezza che impediscano agli ospiti antistanti di vedersi e parlar fra loro, a totale vantaggio dei commensali di destra e di sinistra.

Poi candelieri a più braccia che simulano la temuta "Cena a Lume di Candela", permeano l'atmosfera di chiesastici aromi, si riflettono sui miopi occhi attrezzati con lenti a contatto le quali, asciugandosi a quel calore, rendono gradevolmente ovattata in una romantica nebbia la visione della conviviale brigata.

I piatti, variamente decorati e di finissima porcellana (finto *Limoges* a L 7.500 il pezzo nei magazzini Standa) poggeranno davanti a ogni convitato in una pila composta di tanti pezzi quante le portate che si prevedono.

Assai divertente è il piatto non perfettamente piano che balla sui sottostanti emettendo gioiosi, musicali rumori e costringendo la forchetta a

inseguire il cibo. **Non si usi mai il c.d. "sottopiatto"** su cui poggiare di volta in volta la scodella con la vivanda, perché questo è sistema semplicistico ma che richiede un sovrappiù di personale.
Sono ammessi, nelle cene di gala, i piatti di plastica che oggi trovansi a buon mercato, ingentiliti da ricche decorazioni tipo *Sèvres.*

Davanti al vasellame vanno ordinatamente disposti dalla femminea mano **i preziosi bicchieri**.
Secondo gli Antichi, la serie minima dei bicchieri doveva essere composta come segue:
• bicchiere a campana per l'acqua,
• idem, più piccolo, per il vino rosso,
• bicchiere a tulipano per il vino bianco,
• calice per champagne o spumante,
• coppa per gli spumanti dolci,
• grande bicchiere a pallone per il vino rosso "da meditazione",
• piccolo bicchiere a tulipano per il vino da *dessert* o liquoroso in genere.
Ognun vede quanto pretenziosa fosse questa regola: **la Vera Gentildonna al passo con i tempi munirà la tavola di non più di tre bicchieri** in pregiato cristallo e non molto differenziati, sì da non mettere in imbarazzo lo sprovveduto ospite.
Se vuol dare un tocco informale e sbarazzino alla cena, apparecchierà con bicchieri di plastica: se ne trovano di bellissimi a foggia di calice o tulipano, in materiale traslucido che fa sembrar torbido il vino e inquinata l'acqua.

Le posate vanno disposte ai lati del piatto, con la coltelleria a destra, e in ordine crescente di grandezza dall'esterno verso l'interno. Misteriose ragioni impongono che le posate da dolce siano emarginate e sistemate davanti al piatto.
Se la posateria è d'argento, alla fine della cena vanno attentamente contati i pezzi, prima che gli ospiti si allontanino.
Di gran raffinatezza, ma anche segno di perverse tendenze, è completare la posateria con tenaglie a sfera per le lumache, cesoie per i gamberi e stuzzicadenti d'argento per le chele degli stessi, e costringere gli ospiti a usarli.

La Raffinata Dama, con durissimo tirocinio, avrà appreso a mangiare i tordi con forchetta e coltello, a spolpare gli astici con analoghe posate da pesce, a estrarre dal guscio gli squisiti *escargots* con l'apposito strumento senza che alcuna lumaca schizzi via e rimbalzi in seno alla pur odiata rivale, a sbucciar l'arancia in punta di coltello, e della sua abilità farà mostra ingiungendo agli ospiti di fare altrettanto.
Questo è uno degli espedienti più usati per render vivaci e gioiose le cene.

Di quante e quali portate si compone un pranzo

È questo un argomento fra i più controversi e sul quale non è lecito scherzare; quindi, neppure io scherzerò, ma non voglio nemmeno dettar legge al riguardo, e pertanto mi richiamerò agli Antichi, citando Giovanni Rajberti: ***L'arte del convitare spiegata al Popolo***, la cui opinione in tutto sottoscrivo.

Dice dunque il Rajberti:

«... i desinari d'invito sono di così opprimente lunghezza e ci sta dentro tanta roba che sembrano fatti per saziare gli elefanti... Dobbiam lasciarli a gloria esclusiva della gente danarosa che, quando celebra nozze, vuol farsi ammirare dal rozzo parentado... Un pranzo di buon gusto [...] dovrebbe constare, a mio debole avviso, di cinque piatti, o, al più, sei. Volete proprio sfoggiare? Aggiungete un dolce, un gelato ed altre bazzecole di credenza... Ma poi basta: il più è spreco, è lungaggine, è noia, è indigestione, è lavorare a beneficio dei medici».

Va da sé che non bisogna esagerare nella parsimonia, essendo ammissibile soltanto con intimissimo amico offrire modiche o scarse cibarie.

Si narra che Ottaviano Augusto, invitato a pranzo da un nobile romano particolarmente avaro del suo, si vide servire poche e modeste cose. Augusto mangiò e non disse nulla. All'atto di accomiatarsi ringraziò l'anfitrione e aggiunse, mostrandosi perplesso: "Non credevo davvero di esserti tanto amico!".

Un pranzo – secondo l'Artusi – **non dovrebbe durare più di un'ora, un'ora e mezzo**. Costringere gli ospiti a interminabili sedute a tavola sol per esibire la propria occasionale generosità misurata in numero di portate è usanza malvagia e volgare, nemica della qualità dei cibi, ma purtroppo abituale nei pranzi cerimoniali e di nozze.

Un pranzo di ragionevole durata, se fu un buon pranzo, vede gli invitati trattenersi spontaneamente e a lungo in lieti conversari, e completamente a lor agio, il che gratifica l'anfitrione più d'ogni complimento. Se fu un cattivo pranzo, si vedono gli stessi commensali fuggire adducendo impegni vari e motivi di salute, e il padrone di casa può tranquillamente mandarli al diavolo e non invitarli più.

Ma quelli che sono stati costretti a tavola per cinque o sei ore, abbrutiti dal cibo e dalle bevande, dicono male della sposa, giudicano cafoni i genitori che organizzarono la barbara imbandigione, maledicono il momento in cui accettarono l'invito e, dalla terza ora in poi, danno comunque un orrido spettacolo, stravaccati, incazzati, scompostamente allegri intorno alle malgovernate tavole.

Per il vero, alcuni che si atteggiano a raffinati mèntori sostengono che il perfetto pranzo ha da superare le tre ore. Opinano costoro che, poiché l'occhio vuole la sua parte, si deve perseguire il godimento estetico dell'affascinante, progressivo degrado dei banchettanti, il che non accade, normalmente, se non dopo tre ore.
In effetti, il fenomeno è ben noto e studiato: a partire circa dalla seconda ora, le facce levigate e sostenute con cura da unguenti e creme (questo vale tanto per gli uomini quanto per le donne), principiano a cedere. La pelle intorno agli occhi, gli angoli della bocca, e poi tutto il labbro superiore, cominciano impercettibilmente a raggrinzirsi seguendo l'occulta geometria di un reticolo di sottilissime rughe. I muscoli della mandibola, già tonificati e tesi, si rilassano e accusano, a quella soccombendo, la forza di gravità: sembrano trascinare con sé l'intero cranio, poiché il rachide cervicale, già orgogliosamente eretto, si piega in avanti, lasciando penzolare la testa e accelerando il fatale allentamento di tutti i muscoli della faccia.
I volti sembrano disfarsi lentamente, quasi che ognuno abbia in sé il suo Mister Hyde che prepotentemente s'affaccia al banchetto, mentre l'incoercibile metamorfosi annulla la volontà che reggeva i costruiti lineamenti («... *formae noxque merumque nocet*»!).

La scelta delle vivande

In occasione di un *dîner privé* sia a casa propria, sia in rinomato ristorante, **occorre fare oculata e raffinatissima scelta delle vivande**, possibilmente dopo aver sondato i gusti dell'ospite, perché soltanto con l'intimo amico si può mangiar alla buona. Si darà quindi la preferenza al piatto preparato in modo magistrale e raro (sia pure una modesta pasta e fagioli o trippa alla romana, o baccalà in varie maniere ecc.), e tutta la cena sia incentrata su quell'unico piatto.

RICETTA PER LA TRIPPA
Fare a pezzetti la trippa già lavata e buttarla in acqua bollente. Giunta a cottura, scolarla e passarla in casseruola, mescolarla con formaggio pecorino grattugiato, uova sbattute, prezzemolo tritato, sale, pepe e poco lardo; farla andare a fuoco lento.
Servirla spolverata di formaggio di pecora.
VARIANTE: cuocere in casseruola con l'aggiunta di pomodori maturi.
VARIANTE "ALLA CAPPUCCINA": passare la trippa cotta come sopra e ristretta in un tegame spolverandola di abbondante formaggio pecorino grattugiato. Passare al forno finché non faccia la crosta.

RICETTA PER IL BACCALÀ
Fare un soffritto con cipolla tritata e olio di prima scelta. Quando la cipolla si colora, aggiungere un po' di vino bianco, uva passa, pinoli e prezzemolo tritato; non appena il sughetto bolle, buttare nel tegame il baccalà fatto a pezzi e cuocere per dieci minuti a tegame coperto senza mescolare.
VARIANTE: aggiunta di pomodori maturi.

Se non si avesse voglia, tempo e coraggio per cimentarsi a rendere speciale un cibo semplice e usuale, si eleggano quei cibi che non son cosa d'ogni giorno.
Ben venga quindi il prezioso caviale, purché sia un autentico, fresco Beluga in quantità tale da potersene servire con il cucchiaio (altrimenti meglio astenersi: non vi è nulla di più deprimente di quelle tartine imburrate dalle quali occhieggiano tristemente le nere e peregrine uova di storione o succedaneo) e purché si serva con quel prezioso mangiare un autentico *Champagne*, secco, freddo, frizzante, ancorché non *millésimé.*

Ben venga il *foie gras*, sia esso d'oca o di *canard*, purché servito in *bloc* (guai all'incauto che si azzardi a spalmare le solite tartine con il famigerato *pâté*!) insieme a burro di Normandia, fette di pane francese dorate e contornate di marmellate, e purché accompagnato dal mitico *Sauternes*, ovvero, se la borsa non lo consente, da un nostrano "muffito".
Si rammenti che il *foie gras* è antico, nobilissimo cibo: ne erano ghiottissimi i Romani, nei cui mercati era venduto al grido di *iecur ficatum!*, vale a dire "fegato d'oca ingrassata a forza con i fichi", grido contratto nel semplice *ficatum!*, donde il termine "fegato" con cui indichiamo la cellula epatica. È un cibo che ha attraversato i millenni, gloria della cu-

cina europea, conservatoci dalla boscosa Alsazia e dal Périgord, vanto della cultura francese, che, sempre, porteremo alla bocca con rispetto, senza ingordigia, assaporandolo lentamente mentre si stempera nel fresco burro e scioglie i sapidi aromi al contatto con la dolce composta che, in giusta quantità, gli avremo dato per compagna.

Ben vengano il nero tartufo e la perlacea trifola, affettati a iosa sull'umile uovo in camicia o su tagliatelle e tagliolini accompagnati da un vinello bianco lievemente aromatico che ne esalti il profumo, o anche da un rosso novello.
Ecco una ricetta *ad hoc*, che vale un pasto (e uno stipendio!).
Far fondere quattro etti di fontina, un uovo intero, tre tuorli e 60 g di burro; mescolare senza giungere a bollore finché non divenga una crema. Condire con pepe nero e quindi affettare 60 g di tartufi bianchi, metà mescolandoli, metà sparpagliandoli sopra la fontina.

Ben venga il rombo di media misura, appena pescato, arrostito o lesso, ch'altro non vuole che finissimo olio e una bottiglia di limpido *Reuilly*, o di dorato *Chablis*, oppure di nobile Verdicchio che nasce ove vide la luce il gran Federico.

Ben venga il manzo, re delle mense, comunque cucinato, amico delle sapide salse ove si misura l'arte del cuoco, e sodale al divino Brunello.

E poi si dia sollievo alla gola e ai visceri con **l'immortale pera "*à la belle Elène*"**, chiusa nel mistero gelato cui fa mantello il bollente cioccolato e chiama l'ambrato Marsala di cent'anni.

Si tenti infine l'ospite con un fragrante caffè, invitandolo a scegliere (dopo essersi opportunamente approvvigionati) fra un Moka Sidamo, un Bleu Montaine, un Colombiano, un Arabico, e sia di viatico alla difficile scelta un buon sigaro cubano (che più della sigaretta si addice anche alle belle labbra femminili), accompagnato dall'esotico Rhum; ma non si trascuri l'offerta di un Cognac più vecchio della barba dei consoli.

E poi... Poi, come diceva Talleyrand, si parla di quel che si è mangiato e bevuto...

Non osi l'Ottima Dama, quando il pranzo finisce, sollecitare elogi per il piatto magistralmente preparato, ma anzi, tenga per complimento ogni apprezzamento, trovi lievi difetti a quel che ella stessa cucinò, chieda consigli per migliorare e giudichi soltanto in ragione di quanto fu mangiato, e in che modo, e da qui tragga la giusta soddisfazione.

Nota n. 1

Per chi volesse stupire gli ospiti all'atto del *dessert,* in alternativa alla pera *à la belle Elène,* suggerisco la seguente ricetta antica di "Babà alla polonese" (si sa che questo dolce fu inventato per caso da Stanislao Leczinsky, suocero di Luigi XV, che si annoiava mortalmente alla corte di Francia e si rifugiava in cucina).

Preparare una pasta con lievito, mescolarla in una terrina con quattro cucchiai a testa di vino di Malaga, altrettanto fior di latte, la scorza di un'arancia raschiata, 30 g di zucchero di canna, 60 g di uvetta passita, altrettanti di uva di Malaga, 30 g di cedro candito a dadini, 2 g di zafferano sciolto nel vino. Mescolare, versare in stampi imburrati larghi 10 cm e alti 15 circa, far lievitare al caldo e, quando la pasta è cresciuta del doppio, passarla in forno a media temperatura. Quando il dolce assume un colore dorato, servirlo spolverato di zucchero al velo.

L'aggiunta di rum è facoltativa ed è un'invenzione dei cuochi napoletani, avvenuta quando i Borboni esportarono a Napoli, con la loro monarchia, il ben più glorioso "Babà".

Nota n. 2

Ho trattato l'argomento appena conchiuso in modo veramente serio.

I vini

Anche **questo è assunto che non tollera ironie** e sul quale dirò poche cose essenziali.

I vini si distinguono in bianchi, rossi, liquorosi e spumanti.

A ogni pietanza si addice un vino che a essa armonicamente si leghi.

Nessuno è tenuto a conoscere la teoria e la pratica dei vini, ma, quando si dà un pranzo, si deve almeno domandare all'esperto, mostrandogli il menù, quali vini vadano approntati e in quale ordine serviti.
È consentito offrire buoni vini bianchi o rossi senza titoli di nobiltà, ma quando se ne sceglie uno famoso e particolare, foss'anche l'inflazionato Chianti, si ha il dovere di non comprarlo ai grandi magazzini. Il vino d'annata e di *bon cru* è raro e carissimo. Se si volesse risparmiare, si portino in tavola vini buoni e genuini delle nostre terre, onestamente dichiarandoli per tali.

Ogni varietà di vino vuole il suo bicchiere e non sembri una stramberia, perché il vino esprime completamente le sue qualità all'occhio, all'olfatto e al palato solo se versato in pertinente calice. Provate a bere un grande *Rotchild Mouton* in un gotto di vetro da osteria: lo distinguerete certamente da un comune rosso, ma avrete perso molto.
Un altro facile esperimento alla portata di tutti consiste nel bere lo stesso vino in calici di dimensioni e fogge diverse: ognuno constaterà come cambi l'aroma e il gusto a seconda del bicchiere usato.

Il vino va servito, se bianco e di marca, nella sua bottiglia, dopo averlo portato alla giusta temperatura (11 °C circa), e tenuto durante il pasto in un secchiello refrigerante. Se la cena richiede **un grande rosso, esso va portato in tavola a temperatura ambiente nell'apposito *décanteur***, dopo essere stato stappato almeno un paio d'ore prima perché possa riossigenarsi.
La bottiglia non va mostrata: ho visto taluni servire un vino travasato e portare in tavola – a prova – quella vuota, guarnita di pregiata etichetta e custodita gelosamente per siffatto uso. Questo *escamotage* suscita i legittimi dubbi e i malevoli commenti di tutti i commensali! **Il Perfetto Padrone di Casa, invece, accennerà discretamente alla qualità e all'annata** e, soltanto se qualche ospite si dimostra sinceramente interessato e vuole saperne di più, andrà a prendere un'altra bottiglia dello stesso vino, ne leggerà la descrizione caratteristica sull'etichetta e... farà onore anche alla seconda!
Si ricordi che **un buon vino si rivela tale solo all'assaggio di chi se ne intende**: chi non lo capisce beve qualunque cosa e non ha diritto a spiegazioni.

Se il vino è di gran pregio, colui che lo beve faccia seguire al boccone una piccola sorsata d'acqua, attenda qualche attimo, porti alle labbra il bicchiere del nettare e centellini, attardandosi nell'inghiottire, gustando il lieve cambiamento di aroma e sa-

pore che segna ogni successivo sorso. Bere un gran vino significa gustare una particolarissima, liquida portata, non già aiutare la digestione del cibo solido affogandolo nel prezioso liquore. Il buon cibo è delizia del palato, ma il vino impegna tutti e cinque i sensi, è riposo della mente, maestro della parola, conforto del cuore, sollievo alle membra.
Un gran vino andrebbe sorbito lentamente, da solo, alla fine del pasto. Esso è pronubo all'amabile Conversare, libagione a se stessi, fuoco gentile che ravviva vecchi amori, pur se coniugali, ed è lieve Musa che ispira effimeri canti un po' folli, come questo, prodotto molti anni fa, da uno stupendo Sangiovese:

Bicchier di cristallo
Riflette e s'inchina
A la bella damina
Di porcellana,
Chiedendole un ballo.

Sfavilla, langue,
S'inchina, s'inchina,
E, per l'emozione
Di farsi cortese,
La bella damina
Inonda ed annega
Nel Sangiovese.

È regola generale che ai sughi e alle carni si accompagni il vino rosso, tanto più corposo quanto più sapide sono le carni, **mentre al pesce si accompagni il vino bianco**.
Ma tale regola ha le sue eccezioni: alcuni rossi novelli e altri, non invecchiati, freschi, secchi, lievemente aromatici come per esempio l'umile Cerasuolo, possono unirsi gustosamente al pesce, e alcuni vini bianchi di gran corpo sono compatibili con carni lesse, *roast beef* all'inglese, formaggi vari.
Ci si attenga quindi ai gusti e desideri dell'ospite, che non dev'essere costretto a rinunciare a quel che gli piace per assecondare la regola enunciata dal padrone di casa.
Un vino bianco, secco, aromatico, o anche uno *Champagne* d'annata, per esempio, sono ottimi annunciatori del pasto.
Per chi sia malauguratamente affezionato alle misture dette "aperitivi", consigliamo di lasciar perdere quelli in commercio, in genere fatti con gli scarti di lavorazione di vino da battaglia, e di cimentarsi con la seguente ricetta antica di "Vermut anticìbo", laddove "anticìbo" significa "prima del cibo", cioè aperitivo.
Pestare in un mortaio 13 noci verdi ancora tenere, metterle in un fiasco con 1 l di spirito di vino (acquavite, non grappa!), 1 g di chiodi di garofano e 1 g di cannella. Lasciar riposare l'infusione per 55 giorni, scuotendola ogni settimana; togliere le noci, aggiungere 600 g di zucchero di canna preventivamente sciolto in 2/5 d'acqua, filtrare e versare nelle bottiglie.

Se si vuole una minor gradazione ecco la ricetta del Vermut semplice.
2 l di un ottimo vino bianco, 4 g d'assenzio, altrettanti di cantaura minore, cardo-santo, coriandolo, legno quassio (o legno amaro, dal farmacista), china, scorza d'arancio e di limoni, 1 g di cannella, 1 di noce moscata, 1 di chiodi di garofano, 60 g di zucchero di canna e 60 g di spirito di vino di 36°. Lasciar macerare per 8 giorni e quindi filtrare e imbottigliare.
Servendo all'ospite una di queste miscele ci si potrà almeno vantare della sua genuinità, come di cosa fatta con le proprie mani e amorevolmente.

Sebbene nessuno sia tenuto a conseguire diplomi da *sommelier*, fa parte della buon'educazione apprendere **alcune fondamentali nozioni sui vini**.
Quelli Italiani hanno una tradizione millenaria. Senza rinverdire scolastici ricordi oraziani, ricorderò che in una relazione che Sante Lancerio indirizzò al cardinale Guido Ascanio Sforza, intorno agli anni 1538-'39, sono descritti famosi vini tuttora in larghissimo uso: il delicato Greco d'Ischia (oggi Greco di Tufo), l'aromatico Greco di San Gimignano (oggi Vernaccia), il soave Moscatello della Riviera genovese, il Trebbiano di Figline, il dolcissimo vino delle Cinque Terre, il vino di Montemerano che, alla descrizione, direi essere un Chianti («odore di viola mammola, colore di rubino, con una vena dolce e un mordente tanto soave che fa lacrimare d'allegrezza al berlo»), il vino di Sucano (l'Orvieto), il Mangiaguerra (rosso d'Angri), l'Aglianico, il vino di Saluzzo (del vitigno Nebiolo), il Lacrima Christi, il Montepulciano, perfettissimo per odore, colore e sapore, l'Albana, il Marino.
Tra i Francesi, lo stesso Autore ricorda i vini di Provenza (*Côte de Provence*), i Borgogna, i vini di Linguadoca, che, peraltro, all'epoca non reggevano il paragone con quelli Italiani. Ma in Francia, nei secoli

seguenti, l'arte di fare il vino ha raggiunto vette eccelse e reso squisito quel che era a malapena accettabile.
Il fatto è che **in Francia si capì che il vino è il prodotto di un'arte che richiede studio**, impegno di capitali, conoscenze tecniche, oltre a un buon vitigno e a una terra adatta. In Italia, ancor oggi, capita di esser serviti con vino che l'ospite magnifica come "genuino" sol perché prodotto da un qualche astuto contadino; un vino al cui assaggio il palato soffre per la rozza marcatura di terra, il naso per l'odor di botte mal lavata, la testa per fastidioso cerchio di vapori iposolfiti e additivi vari.
Oggi è possibile, pagandone il prezzo tanto più elevato quanto più alta è la qualità, bere ottimi vini prodotti in Italia, garantiti dal produttore e che nulla hanno da invidiare a quelli Francesi. Tuttavia, i grandi vini di Francia della valle della Loira o di quella del Rhône vanno conosciuti e apprezzati, non perché migliori, ma per essere tanto diversi dai nostri.
Per giustizia, **dovranno anche essere esplorati i vini di California, Australia e Sud Africa**, la cui qualità migliora di anno in anno.

Chi vuol esser intenditore deve tener fermo l'insegnamento di Bartolomeo Taegio (1564): «Cinque cose nel vino s'hanno a considerare: odore, colore, sapore, età e sostanza. Il vino odorifico... è leggero, temperato, sottile, digestivo... Il bianco è sottile, utile allo stomaco e diuretico...». **Si distingue quindi tra vini "neri" e vini "vermigli". Quanto al sapore**, può essere "dolce, austero, acerbo, soave e amabile". Circa l'età, il vino è vecchio, nuovo e mezzano (quattro anni, uno e due anni). La sostanza (oggi diremmo "il corpo") è "sottile e acquosa, grossa e terrestre (c.d. "vino che marca")".
Se, nel bere, si analizzerà il vino secondo i cinque canoni sopra descritti, ognuno diviene intenditore, beve lentamente, con rispetto, gusta a pieno e, cosa non da poco, finisce per bere di meno ed esser tuttavia più soddisfatto.

Al *dessert* si servano i vini liquorosi, con particolare attenzione al Marsala, purché garantito e lungamente invecchiato; ma, almeno una volta nella vita, ci si conceda un prezioso *Sauternes.* E se proprio non si vuol fare il relativo sacrificio pecuniario, si ripieghi su un "muffito", scegliendo fra i molti che oggi offrono le cantine d'Italia.
Un *dessert* di formaggi può essere l'occasione per servire, in grandi bicchieri a palla che ne favoriscono l'ossigenazione, un vino rosso "da meditazione", sia esso un Barolo di nove anni, o, se si vuol fare un'esperienza memorabile, un Brunello dalle duecentomila in su.

Il Galateo a tavola

Il lavaggio delle mani era, come abbiamo annotato, antica regola di Galateo conviviale che resiste ancor oggi presso i rozzi immigrati dalle campagne e persiste nell'uso della ciotolina con due dita d'acqua tiepida e limonata che il cameriere mette, nascostamente sghignazzando, davanti ai convitati a fine pasto.

Il Vero Gentiluomo non si cura di queste prescrizioni che presuppongono implicita censura e dubbio sulla personale igiene: finga, all'inizio del pasto, di andare a "lavarsi le mani" e ne approfitti per alleggerire il soverchio peso della vescica. Senza indulgere ad altra formalità, usi delle sue mani per infilare il miglior boccone fra le carnose labbra della compagna; sia giocoso e di spirito: anziché immergervi la punta delle dita rendendo torbida quell'acqua chiara, beva il tepido liquido dalla coppetta del lavacro (pratica consigliata dalla Scuola Salernitana!). Si consideri quanto barbari fossero i nostri maggiori a pretendere, vigile lo scalco, che il lavaggio delle mani in bacinelle d'acqua di rose avvenisse a tavola, sotto gli occhi di tutti, sicché non ci fossero dubbi sulla nettezza di quelle prensili appendici.

È pratica desueta, formale, da taluni ritenuta offensiva siccome atta a sottolineare la presunta incapacità femminile, e comunque implicitamente contestatoria della raggiunta parità dei sessi, quella che vede **ancor oggi alcuni sprovveduti restar in piedi fin quando la donna commensale non sia**

assisa alla ben apparecchiata tavola. I più perversi usano porsi dietro la Dama e, nel momento in cui questa piega leggermente le ginocchia per sedersi, spingono il bordo della sedia con violenza nelle pieghe poplìtee, facendo mancar forza alle gambe (secondo un antico insegnamento dello ju-jutsu) e costringendo la meschina a lasciar cadere i procaci, fasciati glutei sul sedile.
Gli stessi rozzi figuri son quelli che quando, nel corso del pranzo o cena che si voglia, la Dama si accinge graziosamente ad alzarsi per andare a "incipriarsi il nasino", sogliono scattare rumorosamente in piedi, ripetendo tale esercizio al ritorno di quella, sì da palesare ai commensali e alla sala tutta che l'Inclita Donna è andata a far pipì.
Il Gentiluomo, cui si rivolge questo nostro trattato, rifuggirà da simili atteggiamenti, prenderà giocosamente il suo posto alla tavola senza indugio, ignorerà l'andare e venire delle Dame e stimerà quelle da pari a pari, molto così gratificandole.

Trattando del sedere a tavola, **non possiamo non censurare quei *maîtres* di famosi ristoranti che si ostinano a tallonare i commensali**, li costringono ad accomodarsi con la citata manovra da arti marziali e, *horribile dictu,* non appena ottenuta la violenta seduta, afferrano con destra mano il tovagliolo, allungano il braccio sotto la tovaglia e lo distendono abilmente in grembo all'ospite, sia pur esso di femminino sesso. Da una mia inchiesta, risulta che tale pratica è tuttora in uso nei migliori locali inglesi, quali il Ritz e il Savoy di Londra, mentre è stata abbandonata dai maestri di sala europei che la commiserano come residuo d'ottocentesche usanze.
Soltanto dai *maîtres* italiani, peraltro, ho sentito enunciare la regola che il cameriere non tocchi mai con le proprie mani la salvietta del cliente: in Francia la dispiegano e la porgono con un inchino; in Germania preferiscono i tovaglioli di carta o l'avambraccio.

Quanto alla disposizione dei posti a tavola, si facciano proprie le moderne regole conviviali e si abbandonino le antiche: non vi è alcun motivo per il prescritto alternarsi di uomo e donna; cosa migliore è il raggruppamento degli uomini a un lato del tavolo e delle donne all'altro (tali "androceo e gineceo"), sì da facilitare la conversazione e l'inciucio (v.). Oppure si torni all'antico e si bandiscano dal desco le donne: sia di soli uomini il cameratesco convito e le femmine servano e sovrintendano al servizio, come loro conviene e come ancor s'usa in campestri riunioni, ove, fra l'agricola gente, vive ancora un naturale, intuitivo *bon ton.*

Si guardi la Padrona di Casa dall'infame bisogna, a lungo studiata e fonte di tante crisi isteriche, **del preparare elaborati bigliettini** scritti a minutissimi caratteri per la strategica disposizione dei posti a tavola. Sebbene sia fonte di godimento per gli ospiti l'altrui incerto chinarsi, lo strizzar d'occhi, l'affannosa ricerca di occhiali da lettura e la gioiosa confusione di quelli che girano intorno alla tavola cercando la loro scranna, mentre la suddetta Padrona malignamente tace e non li aiuta, tale pratica è da sconsigliarsi. Non sempre, infatti, si dispone di adeguate informazioni sui commensali, ed è pertanto difficile riuscire a far sedere l'imprenditore accanto al magistrato che lo dovrebbe inquisire, i due rivali nella professione che si odiano a morte, il *tombeur de femmes* a fianco della parente povera focomelica, l'avida *vamp* con il giovane intellettuale con l'orecchino che ha in uggia le donne, la procace vedova accanto alla moglie del Commendatore che le palpava i glutei sulla spiaggia di Cattolica.
Meglio affidarsi al caso, che, in genere, è dotato di sagace umorismo.
Non si può pretendere dall'umana pochezza che la Padrona di Casa, al fine di assegnare convenienti posti agli ospiti, si faccia carico di parlar prima con ciascuno accennando cautamente a quali e quante persone ha invitato, sondando i gusti, cercando di capire chi possa essere l'ideale commensale al fianco di ciascuno. Per il resto, **è diritto consuetudinario che lei scelga chi far sedere alla sua destra e alla sua sinistra**. Purtroppo tale scelta rappresenta un giudizio di valore, per cui gli esclusi ne restano avviliti e frustrati, si sentono solidali, prendono i due privilegiati a oggetto dei loro sommessi conversari (v. alla voce Conversazione), fan causa comune, simpatizzano e, in definitiva, garantiscono il migliore svolgimento della riunione conviviale.

Esemplare, al proposito, è la c.d. "Tavola del Capitano" nel salone ristorante della nave da crociera: sono storicamente documentate le lotte intestine fra i passeggeri per sedere a quella tavola, e si sa che più d'una fiata al termine della cena risuonò il funesto grido "un uomo in mare!", suggello alla vendetta degli esclusi. Secondo recenti studi, la stessa tragedia del *Titanic*, avvenuta durante una cena di gala in prima classe, potrebbe aver avuto come concausa proprio la reazione degli esclusi dalla tavola del buon comandante.

Un volta assunto il proprio posto, **il comportamento del Gentiluomo sarà condizionato da diversi fattori**. Se affetto da un principio di sordità all'orecchio sinistro, conversarà esclusivamente con la Dama alla sua

destra volgendo le spalle all'altra (viceversa se l'infermità riguarda l'orecchio destro; se sordo da entrambi i lati non gli resta che sorridere e annuire continuamente a destra e a manca, e anche a colei che lo fronteggia, per non far torto ad alcuna). Nella prima ipotesi, la dama situata a sinistra dovrà volgergli le spalle e dedicarsi al suo commensale di mancina. Ne consegue una disposizione alternata a sbieco dei convitati che appare quanto mai gradevole all'occhiuto maggiordomo o *maître* che tutto guarda, dispone e controlla.
Tracce di questa sana usanza si rinvengono nella Storia dell'Arte (v. Raffaello e Manet – *Le déjeuner sur l'herbe* – che a quello s'ispira).

Per il resto, il comportamento del Gentiluomo/Gentildonna a tavola dovrà essere adeguato alle circostanze. **Se in una serata di gala troverà schierati avanti a sé sette bicchieri di varia taglia**, befferà il maligno cameriere che lo guata dichiarandosi astemio, perché con questa dichiarazione sarà legittimato a far uso di uno qualsiasi fra i tanti per bere la semplice acqua.
Guai a colui che in siffatta evenienza vorrà assaporare gli squisiti vini porgendo un calice scelto a caso all'invitante *sommelier*! Egli ha solo una probabilità su sette d'indovinare il bicchiere adatto, e sei eventualità di essere segnato a dito, mostrato ai bambini dell'anfitrione come cattivo esempio di *bon ton* e fatto oggetto di scherni e compatimenti.
È noto il caso della signora ***, donna di grande cultura e intelligenza ma di scarse maniere, che, avendo porto al *maître*, come si doveva, ma per caso, il grande *ballon* per farvi mescere il vino rosso d'annata, si rammentò improvvisamente che è regola generale usare il bicchiere più grande per l'acqua e il più piccolo per i vini. Giudicando di aver levato quello di maggiori dimensioni fra i sette che aveva davanti, si scusò con i commensali dichiarando che ben conosceva quella regola e che solo per errore aveva sollevato l'enorme, panciuto vetro.
Si mormora di alcuni che, fingendosi goffi, ritennero più conveniente rompere alcuni cristalli per ridurre i rischi della scelta; di altri si giura che morirono soffocati omettendo di bere per tutto il pasto.

Il numero e la forma delle posate rappresentano una semiotica enigmatica. Come il cieco Omero – il più saggio degli uomini – morì per la disperazione non avendo saputo sciogliere l'enigma propostogli dai ragazzi sulla spiaggia, ai quali aveva domandato cosa stessero facendo ("Cerchiamo quel che portiamo; gettiamo via quel che troviamo. Indovina che cos'è?")[7], a molti è capitato di ridursi alla mercé di avidi

psicoterapeuti dopo essersi imbattuti in un napoleonico schieramento di posateria; altri rimasero digiuni.
Il Gentiluomo che non voglia cimentarsi in ardui studi, sappia che **le posate sono disposte, dall'esterno verso l'interno, secondo l'ordine delle portate**, e quindi non gli resta che seguire quest'ordine per non sbagliare. Vero è che spesso le posate vengono subdolamente mischiate; in questo caso unico rimedio è vergare appunti con inchiostro indelebile sul palmo della mano sinistra e consultarli, fingendo indifferenza, ogni volta che si deve afferrarne una. Questa pratica, molto diffusa ai pranzi delle ambasciate, ha costretto più d'uno, sorpreso in flagrante e richiesto di spiegazioni, a dichiararsi esperto chiromante e a leggere la mano a tutte le signore presenti.

Nel mangiare si osservino regole quasi universalmente accettate:
• si chini sempre il capo fino a sfiorare il piatto per sorbire la minestra dal cucchiaio, sì che non si corra il rischio di dare orrendo spettacolo di "sbrodolatura" (ma un tempo sostenevasi che "è il cucchiaio che va alla bocca, non la bocca al cucchiaio!" *sic!*);
• s'impugnino saldamente, a mo' di armi improprie, coltello e forchetta e si usino per richiamare l'attenzione dei commensali e dei camerieri battendoli sui bicchieri e traendo argentini suoni dal vibrante cristallo;
• non si offenda la padrona di casa o l'esperta cuoca lasciando nel piatto la pingue salsa cui furono dedicate tante cure, ma la si raccolga abilmente col tocco di pane strappato a forza (cosiddetta "scarpetta");
• si rammenti con tono scherzevole a tutti i commensali che "il pesce non si tocca con il coltello" e poi ci si cimenti col trancio di pesce spada; si lascino agli audaci il coltello da pesce e la forchetta a due rebbi per fender la corazza dei pregiati astici, e si mostri invece quanto possono le dita dell'uomo;
• ai più ardimentosi lasceremo l'uso della misteriosa tenaglia a sfere che sempre accompagna i maligni, ricercati *escargots.*
Per dovere di cronaca e di verità debbo qui riferire di quella gentildonna svedese che, non avendo mai visto l'uva (presumo), fra l'ammirazione e il rispettoso silenzio degli astanti sconvolti, sbucciò abilmente con coltello e forchetta ogni singolo acino.
Si posino infine le lorde posate sulla bianca tovaglia o si abbandonino scompostamente nel piatto, quasi araldico trofeo.

Non si tralasci, mangiando, l'ininterrotto parlare, poiché la Conversazione è il sale d'ogni convivio, e si mostri, arrotando le auree parole, il ben masticato boccone. Soltanto i

timidi e ineducati, chino il capo, ruminano tenendo serrate le labbra: al Gentiluomo, e più alla Gentildonna, si addice ridere, parlare e muovere la ben massaggiata mandibola mostrando i bianchi denti ove sostano brandelli di prezzemolo.
Il Re Sole, tenuto universalmente per il più compìto Gentiluomo de' suoi tempi, fu un gran mangiatore ed era tenuto a pranzare pubblicamente, sì che ognuno lo potesse ammirare. Orbene, mai egli nascose la vorace bocca, ma tutta, aperta, masticante, la mostrava; anzi, poiché un rozzo cavadenti nell'estrargli in gioventù un paio di molari, gli aveva strappato parte del palato lasciandovi un gran buco, gli astanti al *déjeuner* potevano spesso vedere il cibo fuoriuscire dal regale naso. Si tragga da tanto esempio il dovuto insegnamento.

Si faccia largo uso degli approntati "stuzzicadenti", ma si provi, prima, allo specchio, il gesto gentile della mano sinistra portata a coppa davanti alla bocca a coprir pudicamente le dita della destra che muovon l'appuntito legnetto fra le scomposte protesi.

Sappia la Dama Gentile segnar il suo bicchiere con il rosso ornamento del labbro e, nel riporlo, sollevi frequentemente l'altra mano ad acconciar la bella chioma e indi l'usi per le bisogna del pasto.
L'accarezzamento dei capelli è pratica raccomandata, durante il pranzo, anche agli uomini: si consiglia l'elegante "Manovra di Sgarbi", che consiste nel lasciar cadere il lungo, imbrillantinato capello sul ciglio, rigettarlo al suo posto accompagnandolo con la mano aperta e, nel contempo, far scattare la testa all'indietro saettando lo sguardo sulle Dame presenti, che in genere vengono meno.

Ognuno sia confidenziale e rida e parli all'orecchio del vicino tutto avvolgendolo nel caldo fiato, quasi un darsi in mercé, un sapido

espirare «... *che par che dica all'anima: sospira!*».
Si tenga come esempio quel noto Giornalista, Saggista, Resistente e Uomo di Mondo che, dopo aver partecipato a un pranzo di gala, sedeva in prima fila al pomeridiano convegno annuale di Studi Medievali nella cittadina di ***, intento a frugare con le dita fra i denti peregrini, estrarne residui di cibo, esaminarli e rimangiarli.

Non stia il Gentiluomo/Gentildonna, seduto a tavola come un rigido manichino. Poggi il gomito sulla candida tovaglia, si faccia largo ai lati, dondoli dalla curata mano la forchetta testé sfilata dalla bocca, indichi altrui con il coltello e, più d'ogni altra cosa, mostri le sue doti sempre parlando ad altissima voce, sì che la sala si riempia di gioiose, accavallate note e per ognun sia festa.
È vanto e richiamo turistico del nostro felice Paese l'allegro vociare turbinante nei locali di ristoro che, lusingando l'orecchio, lo rende sordo alle parole del vicino e crea la mitica "Atmosfera" (*Ambience* in Francia, ma ancor per poco, visto che recentemente nella descrizione ufficiale di un antico locale è stato imposto un acrobatico *allùre*) tanto necessaria al rito mangiatorio.

Se l'incauta mano dello scalco, o quella maldestra del vicino **versò il vino sulla tovaglia**, s'intinga il dito, e al grido: "Allegria! Allegria!", si bagni ognun dietro le orecchie. A un tal gesto si riferiva Gesù di Nazareth ("colui che intinge in questo momento mi tradirà..."), ma si sa che Gesù aveva un caratteraccio, non stava agli scherzi e se la prendeva anche con le piante di fico, se erano sterili.

Giochi con il pane, il Gentiluomo, e ne usi la mollica per farne palline da lanciar scherzosamente fra le poppe delle dirimpettaie; sbricioli il resto sulla tovaglia, se già non divorò il solitario panino nell'attesa del cibo. Si slacci la cintura, sciacqui con il vino la bocca, sciolga la cravatta, si tolga la giacca coraggiosamente, godendo dell'ammirazione e del plauso degli accaldati commensali che presto lo imiteranno, e mostri la fine batista della camicia 've si allargano, dal cavo delle ascelle, umide ombre.
S'incipri e ridìa il rossetto, la Dama Compita, e l'inappuntabile Cavaliere si asciughi il sudore del viso con la stropicciata salvietta; accendano entrambi sigarette e sigari fra una portata e l'altra, si cavin le scarpe, si rimbocchino i pantaloni e la gonna, ridano l'uno con l'altra, ammiccando, del goffo cameriere.

Quanto alle maniere cui è tenuta la Padrona di Casa, una volta che abbia assolto i compiti di Apparecchio della Tavola secondo i principi di cui sopra, diremo che a Lei, ove non abbia affittato per la bisogna un cameriere o non stipendi mensilmente una filippina collaboratrice, spetta l'andare e il venire in incessante spola con la cucina. Sovente, le amiche gentili si offriranno di aiutarla a portar piatti e vivande ("Poverina! Fa tutto da sola!"), ma **Lei non consentirà mai** che le stesse spiino lo scomposto locale di cottura e accertino, ispezionando il secchio dei rifiuti, lo scatolame gabellato per raffinata, notturna preparazione o le griffate confezioni di cibi precotti.

Agli ospiti di sesso maschile Ella dedicherà ogni attenzione e pretenderà, insistendo, che prendano un'altra porzione e un'altra ancora del suo famoso "pasticcio", vincendo ogni loro ripulsa con il riempire a forza il piatto e sorvegliando che tutto venga ingurgitato.

Non lascerà mai, senza mostrare il volto offeso, imbronciato, sprezzante, che alcuno si serva della quantità che reputa giusta per se stesso. Costringerà l'incauto ospite a confessare e descrivere gastriti, ulcere, diverticoliti e cistiti, o a dichiararsi a stretta dieta per motivi di salute e, solo allora, di fronte a tanta pubblica confessione, lo perdonerà benignamente, seguitando a interrogarlo sulle sue interessantissime patologie.

L'arte di stare a tavola, oltre al vario atteggiarsi con cibi, posaterie e bicchieri di cui abbiam detto, consiste anche nel Conversare (v.) e nel trattare con cerimoniali e cortesi modi quelli che siedono con noi alla stessa tavola. Si osservino pertanto, *in toto*, le regole che abbiam sopra dettato per la Conversazione.

Il Sottotavolo

Sappia il Gentiluomo che la tavola apparecchiata ha un "sopra" e un "sotto". La parte superiore è la mensa propriamente detta, coperta dal candido lino; la parte di sotto è quello spazio compreso tra la faccia inferiore del tavolo, le sue gambe e il pavimento: spazio generalmente occultato dai lembi della tovaglia, tanto più ampia quanto meno il tavolo sia di pregiato legno antico o di più moderno cristallo.

Come ci si comporti dalla vita in su in relazione alla mensa, abbiamo già detto; ora affrontiamo il modo di condursi della parte inferiore del corpo in quel crepuscolare, protetto, quasi uterino àmbito che sta sotto la tavola imbandita.

Non a caso le tovaglie lasciano pendere ampi bordi, in genere riccamente ornati, a coprire e proteggere questo spazio, ai più misterioso, dove le membra inferiori dei commensali sembrano godere di vita propria e segreta.

Il Gentiluomo/Gentildonna deve saper gestire da par suo il "Sottotavolo" e atteggiarsi adeguatamente. Protagonisti della vita di quel nascosto mondo sono le parti inferiori dell'addome, le cosce, le ginocchia, le gambe, i piedi; talora le mani. Chi getti uno sguardo sotto il tavolo rimane affascinato dalla varietà degli atteggiamenti e delle intricate situazioni in cui s'imbatte: ogni commensale, infatti, in netto contrasto con la rigidità del busto, i gomiti stretti ai fianchi, il sorriso stereotipato che mostra alla mensa, dispone e muove le parti inferiori scompostamente, dichiarando ne' fatti quella schizofrenia che distingue ognora gli esseri umani.

Il Vero e Compito Gentiluomo userà del Sottotavolo per stendere le gambe, accavallarle alternativamente, sfilarsi una scarpa, anche entrambe, sistemare i compressi testicoli, grattarsi i polpacci.
La Gentildonna, oltreché sfilarsi le micidiali scarpette a punta dal chilometrico tacco, allargherà nell'ombra le procaci cosce e cercherà refrigerio al calor della sala sventolando l'ampia gonna o, se in "mini", usando all'uopo la spiegata salvietta; si aggiusterà le calze e, pur essa, accavallerà con alternanza le gambe lasciando che la gonna risalga fino al pube sotto la complice tovaglia.

Molti han tentato di spiare i segreti del Sottotavolo fingendo la caduta del tovagliolo, ma pochi vi son riusciti, poiché sempre, quello stesso cameriere che non ci guarda mai quando ci serve una nuova bottiglia d'acqua, scatta a raccogliere e sostituire l'immacolato lino al primo nostro chinarci.

La particolare natura e le regole che disciplinano il Sottotavolo consentono, e anzi consigliano alla compita persona, sia essa uomo o donna, di lasciar che le sottostanti membra faccian reciproca conoscenza e si lusinghino a vicenda.
La velata gamba femminile si allarghi a cercar il ginocchio dell'abbronzato vicino di destra, e si allunghi la sinistra, il piede non più stretto nella bella scarpa, a cercar le membra – o il membro – del commensale di fronte, e, nel contempo, rida intorno e piacevolmente conversi senza posa, poiché: ... *quae docta nimis cupit et facunda videri, / crure tenus medio tunicas succingere debet...*
Sappia, di conseguenza, la maschia mano che ripone in grembo il tovagliolo, tentar la vicina convitata, certo che nulla dal sotterraneo mondo verrà a turbare il cerimonioso desinare e il sorridente marito.
Ognuno liberi i costretti piedi dalle scarpe e quelli muova in cerca d'aria, ravvivando la pigra circolazione sanguigna.
Si getti nascostamente il boccone caduto in grembo sotto il tavolo e

anche quello che si vuol fingere di aver mangiato.
Si allarghi la cintura sul mal pingue ventre a metà del pasto e ci si abbandoni ad apotropaici riti, ove ciò occorra per incaute presenze, o voci, o versamenti dell'infausto sale. E d'altro taccio.

Il Pranzo in Piedi

Il Pranzo in Piedi, detto anche *self-service*, fu inventato da Pudibonde Gentildonne Vittoriane le quali pensavano che il Sottotavolo fosse un luogo di perdizione e che i Gentiluomini si eccitassero occhieggiando le nude gambe di legno.
In un primo tempo le Dame pensarono di evitare l'osceno spettacolo mettendo le mutande alle suddette lignee appendici ma, sospettando che ci fosse dell'altro (giacché i Gentiluomini continuavano a chinarsi con varie scuse), presero la radicale decisione di costringere gli ospiti a mangiare in piedi.

Quella fatale invenzione ha riscosso ai nostri tempi il più ampio consenso, ma per tutt'altro motivo, essendo prevalse economicistiche considerazioni: con il "Pranzo in Piedi" si risparmia sul servizio, si lesina nella preparazione delle vivande, poiché è consentito approvvigionarsi massicciamente alla più vicina tavola calda (eziandio *catering*) e inoltre si possono liquidare con una sola tornata un numero di ospiti pari al triplo di quelli che sederebbero a una tavola apparecchiata.

Inveterati passatisti, tarati nello spirito oltreché nel corpo, rifiutano con sdegno gli inviti ai Pranzi in Piedi, ritenendoli offensivi e tentando di accreditare l'opinione che chi li organizza sia persona di scarsa educazione, priva della benché minima nozione di cosa sia un vero desinare, che è cosa diversa dal porre un branco davanti a una mangiatoia. Ma di questi, citati solo come esempio di aberrazione della ragione, non ci cureremo oltre.

La geniale innovazione vittoriana richiede tuttavia l'acquisizione di modi appropriati e di un'etichetta particolare.

È chiaro a tutti il carattere prevalentemente sportivo del Pranzo in Piedi; di conseguenza, nella settimana precedente bisogna sottoporsi ad allenamenti in palestra per acquistare lo "scatto" necessario a ben figurare e, possibilmente, quell'incremento di peso che consenta di farsi largo nel momento fatidico della cerimonia denominata "Assalto alle Tavole".

La sempre elegante scarpa da ginnastica è sommamente indicata con l'abito scuro in questa occasione che richiede il balzo da centometrista.

Quando lo starter dà il via all'Assalto alle Tavole, il Gentiluomo e la Gentildonna di ottime maniere si precipitano recando un capace vassoio nella mano sinistra, si fanno largo fra i contendenti usando i gomiti e le spalle (in Italia sono ammessi anche i calci negli stinchi), quindi, cominciando da un capo della lunga tavola, empiono il piatto con almeno una porzione di ogni prelibata vivanda. È consigliabile riuscire a riempire due o più pezzi di vasellame, dichiarando che servono anche per il marito o per la moglie o per la signora Tal de' Tali, rimasti seduti per evitare di cadere nella mischia.

Nel frattempo, un accorto gioco di squadra avrà fatto occupare dal coniuge rimasto in panchina, almeno due sedie, possibilmente vicino a un davanzale di finestra ove appoggiare i piatti durante il divoramento.

Questo tuttavia è possibile a pochi, e quindi i più si riducono a mangiare in piedi: qui si appalesano la genialità e l'abilità umane. Si vedono, infatti, i distinti ospiti reggere con una mano un piatto, con l'altra un bicchiere, riuscire tuttavia a portare il cibo alla bocca, tagliare con for-

chetta e coltello il grosso trancio di *roast beef*, intingere il pane nel sugo e contemporaneamente grattarsi il naso e gettare gli scarti nel più vicino vaso con pianta ornamentale.
Tanta abilità è prerogativa dei Veri Gentiluomini; gli altri sono destinati a rimanere digiuni.

Quando il pranzo – *self-service* o tradizionale che sia stato – ha finalmente termine, la brigata gentile ben si riconosce alla vista: vedonsi gli uomini tirarsi i calzoni sui lombi opimi e calar la cintura sotto il ballonzolante stomaco, e le donne spianar la veste dimenando i fianchi e il ventre in un accenno di danza turchesca. Le più raffinate, attraverso la gonna, tentano, tirano, stirano e staccano il sottile cavallo dei continenti *dessous*, dando sollievo al segnato perineo.
Alcuni ruttano nascostamente, altri asciugano il copioso sudore con l'ormai inutile salvietta, tutti si scambiano vigorose strette con le mani impregnate di pesce o si schioccano Bacianti Saluti (v.) con le tumide labbra sapide di cibo.

DELLE BUONE MANIERE NEI RAPPORTI AMOROSI

Avvertenza: la lettura di questo capitolo è consentita ai minori di anni quattordici solo se accompagnati da adulti.

Premessa teoretica

Per quale motivo non esista un Galateo delle Amorose Relazioni, quando, contraddittoriamente, ne sono stati elaborati in ogni tempo di specifici per la guerra, è motivo di riflessione. Forse ci sono nella vita alcune zone oscure di fronte alle quali l'uomo arretra e non detta regole, zone che appartengono più al dominio della Natura che a quello umano, selve boscose ove vige la legge di Pan.

Amore e Morte, tanto spesso indissolubilmente legati dai Poeti («... due cose belle ha il mondo: Amore e Morte...»), appartengono a quell'affascinante terra crepuscolare che ci attrae e ci chiama e che noi non osiamo disciplinare secondo capriccio e convenienza.

Nelle cose d'amore la donna è sempre la misteriosa, imprevedibile Melusina, o Calipso, nelle cui braccia si perde la ragione per sette anni; l'uomo è pur sempre l'essere primordiale che si rende nudo a se stesso, incapace di dissimulare i vizi, i difetti, le debolezze, anzi, ormai del tutto incurante di questi, esattamente come colui che muore.

Simile a Morte, la Donna lo smaschera, lo accoglie e lo accetta per quel che è; **il lieve, muto sorriso che le tende il labbro quando possiede un uomo, attraversa le ere**. È il sorriso degli androgini Dei, dell'Apollo etrusco e della Gioconda; è lo stesso sorriso che accoglie il morente e ne stende, beati, i lineamenti.

La Donna, come la Pietà Divina, «... ha sì gran braccia / che prende ciò che si rivolge a lei...». Ella poco si cura della forma: uomini brutti, grassi, vecchi, malati, tutti li accoglie e, sorridendo, lascia al maschio la stravagante idea che soltanto bellezza e giovinezza siano condizioni *sine qua non* delle scelte amorose.

L'Uomo, quando ama, insegue un momento di morte, ma la donna, nell'attimo troppo fuggente in cui culmina amore, torna a essere signora della vita e della nascita, la *physis*, il potere della Natura nella sua spaventosa assolutezza, il gorgo cui non ci si può sottrarre, il primigenio oceano che tutto accoglie e tutto contiene. È ben naturale che l'uomo combatta colei che lo annulla, che reagisca con la violenza, il disprezzo e la forza fisica alla deliziosa nemica, chiamando a difesa, ogni volta, gli atavici istinti del cacciatore che uccide e possiede la preda.

Eppure un tempo si ritenne che: «Violata castità di vergini non ha medicina, e tutte le acque correnti, anche se da un'unica fonte calassero a lavare il sangue dalla mano impura, scenderebbero invano».

Nel Mito, l'uomo che ama è Achille assassino; egli per sentirsi vincitore deve stuprare il cadavere della sua vittima, l'amazzone Pentesilea: Achille, che le donne hanno allevato, preferisce gli uomini e non vuol esser posseduto da femminile creatura. In quella tragica manifestazione di necrofilia, fu il solito Tersite a protestare disgustato e, stavolta, ci rimise finalmente la pelle.

Nella Storia o nella moderna favola, l'amante è Don Giovanni (impotente per forza nel suo ultimo giorno, e prima, chissà...); o il patetico Giacomo Casanova, Gentiluomo veneziano, settecentesca *pornostar* (che cosa non si deve fare per tirare a campare!), il quale, poveretto, non aveva nemmeno l'ausilio della papaverina o del miracoloso Viagra!

Ciò posto, colmiamo la lacuna, poiché, all'inizio del terzo millennio da quella famosa, fruttifera Incarnazione, tali analisi non valgono più. È questa, infatti, l'età dell'*antiphysis*, l'era dell'Uomo che si sostituisce alla Natura, crea, clona, surroga, corregge l'imperfetta opera di Quella. Esseri e piante dai caratteri saggiamente predeterminati, organi di ricambio, intelligenze artificiali, partenogenesi sono ormai realtà effettuali che, per ora, hanno contribuito a ridurre il tasso di disoccupazione creando nuovi posti di lavoro: la fitta schiera degli esperti di bioetica.
Il Rapporto Amoroso resta come una banale attività marginale e quotidiana, lo strumento con cui si guadagnano il pane psicologi e sessuologi sulle riviste femminili. Esso è, tuttavia, una delle tante situazioni di confronto che impongono l'adozione e il rispetto di specifiche regole di buona educazione la cui osservanza contraddistingue il Gentiluomo dal rozzo e ineducato amatore.

Istituzioni di Galateo Amoroso

"L'Uomo è cacciatore".
"L'*ommo* è *ommo* e deve *ommare*".
A questi due arguti quanto categorici imperativi deve ispirarsi l'uomo d'oggi nelle imprese amorose. Pecca di grave e sintomatica mancanza di buone maniere colui che abdica al suo maschio ruolo per un malinteso senso di rispetto verso il femminile sesso.

- Guardare e farsi guardare,
- parlare,
- toccare

sono le fasi progressive d'ogni primitivo approccio dell'uomo alla donna concupita.

Guardare

Illam respicias, illam miraisi licebit; / multa supercilio, multa loquare notis.

L'insegnamento che condannò il Poeta a esser esule nella sperduta Tomi è valido ancor oggi. **La tecnica dello sguardo ammaliatore e provocatore contraddistingue, fra molti, l'Amoroso Gentiluomo**.

Turpi, ignari, e anche di dubbia virilità, sono coloro che, quando l'ammirazione per una femminile presenza accende loro lo sguardo, tosto lo volgono altrove e anzi, abbassando il capo verso l'ammirata e atteggiando il volto a mo' di scusa, quasi intendono che quell'improvvisa luce negli occhi, quella rapìta fissità, furono non volute, ma obbligate dal fascino di lei.

Più ancora che per il passato, in questa nostra società in tutto e per tutto visiva e televisiva, guardare è propriamente comunicare.

L'Amoroso Gentiluomo che vuol manifestare desiderio, volontà di possesso e promessa di mirabolanti prestazioni a colei che ammira, sente il dovere, in tali circostanze, di piantare gli occhi sbarrati addosso alla donna, modulando opportunamente le palpebre sì che l'occhio riveli dapprima ammirazione, con l'abile posizionamento del sopracciglio lievemente alzato, poi desiderio, socchiudendo maliziosamente le palpebre, indi imperativo e beffardo invito, aggrottando le ciglia e gettando il capo all'indietro (i più abili accompagnano questo gesto con la "Manovra di Sgarbi", v. *infra* cap. prec.).

Infine, dia luogo all'impavida presa di possesso mercé lo spavaldo esame d'ogni anatomico particolare con le pupille piccole come capocchie di spillo o teste di spermatozoi nani (c.d. "Sguardo che Spoglia", molto elegante, di esecuzione difficile, da provare ripetutamente, prima di uscire, davanti allo specchio del bagno). V'è nello sguardo un'anti-

cipazione dell'erotico possesso, una virile violenza (*vis grata puellae...!*). **Con lo sguardo opportunamente diretto ed espressivo, si può agevolmente umiliare una donna**, costringendola ad allacciarsi la camicetta, o a tirare giù nervosamente la gonna sulle gambe accavallate, mentre il sangue affluisce alle gote, arrossandole. Ciò equivale, moralmente, a uno stupro, vale a dire all'esito ineluttabile – secondo l'ottica virile – del naturale rapporto maschio-femmina in ogni specie animale.

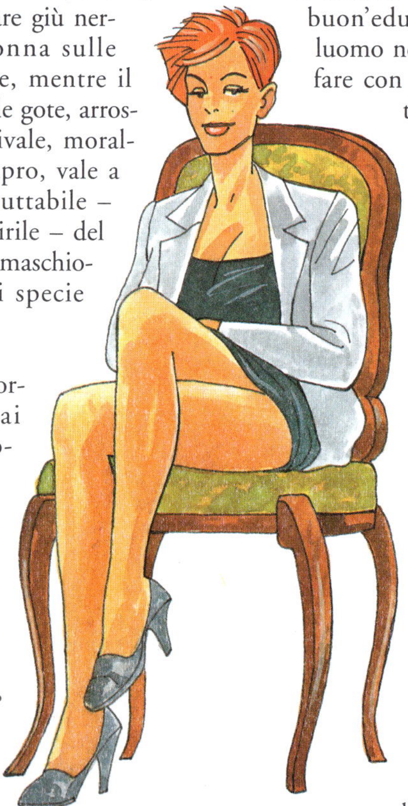

Naturalmente si corrono dei rischi ai quali il Gentiluomo dovrà essere preparato, ma il cui timore non gli impedirà d'osservare le regole enunciate dal *bon ton* erotico.
Gli può accadere, infatti, d'imbattersi nella bella sconosciuta che nasconde sotto il radioso aspetto l'animo pravo. Lei, lungi dal coprire le ginocchia con la gonna, asseconda lo sguardo violentatore e allarga, sorridendo sinistramente, le floride cosce, invita e chiama con gli occhi ridenti, sfidando l'uomo a mantenere tutte le promesse comunicate con l'insistente sguardo.

Tale comportamento femminile è contrario alle regole della buon'educazione: il Gentiluomo non avrà nulla a che fare con siffatta donna che tratterà con gli amici da mercenaria, ninfomane e anche con il sedere troppo basso per i suoi raffinati gusti.

L'uso dello sguardo disinvoltamente sfrontato, ammaliante, possessivo e centellinatore è da praticarsi preferibilmente in condizioni di sicurezza: si adocchi pure la bella signora alla guida del *cabriolet* fermo al semaforo (che tanto, poi, ognuno va per la sua strada e non c'è pericolo di dover dimostrare le prestazioni presunte); altrettanto si faccia nei confronti della moglie o della bella figlia dell'amico, perché non si rischiano, per ovvi motivi, reazioni di sorta. In tutta sicurtà lo sguardo in questione da parte del professore che la interroga trafigga la studentessa impegnata nell'esame (con esiti concreti, detti anche "Cedimenti al Fascino del Potere") e analogamente senza rischi si posi, sfacciato e audace, sul corpo della commessa in prova, che può solo rispondere con umile sorriso. Trionfi ancora in mille altre occasioni in cui, simile al lupo che insidia l'indifeso agnello, l'uomo può guatare impunemente la donna e sentir fremere nel villoso petto l'atavico istinto predatorio.

Le segaligne femministe ripudiano e condannano questa gentile tecnica di corteggiamento e taluna ha anche osato – con disperazione di ogni donna bella e felice di piacere – condannarlo come forma di "molestia sessuale"; ma ognun vede come **le buone maniere impongano l'uso dello Sguardo Scrutatore**. Esso è insegnamento antico e gradito alle donne, come dimostra questa canzonetta redatta nel '300:

Non mi mandar messaggi, ché son falsi;
Non mi mandar messaggi, ché son rei.
Messaggi siano gli occhi quando gli alzi,
Messaggi siano gli occhi tuoi a' miei.
Riguardami le labbra mie rosse,
Ch'aggio marito che non le conosce.

Poiché i modi gentili sono destinati a trionfare a malgrado di quelle e di quanti tengon a una malintesa riservatezza, gabellata per rispetto della *privacy* e della persona che non vuol essere turbata e messa in imbarazzo dall'insistente occhio altrui, vediamo oggi anche le donne assumere pari gentilezza e urbanità di modi e figger talora fissamente lo sguardo sull'uomo tenuto per bello e, lasciandogli l'occhio rimmellato addosso, volgere il capo, con un conato di strabismo, verso l'amica e dire "Quello lì, me lo farei su due piedi". All'ineffabile sguardo femminile è giocoforza arrendersi, e alla bella che ci guarda come solo donna sa guardare, possiamo dedicare quegli antichi versi:

Sotto le ciglia porti cinque cose:
Amore e foco e fiamma e giglio e rose.

Parlare

Hoc opus, hic labor est…
sed lateant vires, nec sis in fronte disertus;
effugiant voces verba molesta tuae.
… sit tibi credibilis sermo consuetaque verba,
blanda tamen, praesens ut videare loqui.

La citazione esaurisce il tema di questo paragrafo limitatamente alla funzionalità seduttrice della parola. Ma nulla insegna in ordine al suadente eloquio che si addice al Gentiluomo rispetto a quello sputato dalle labbra d'ineducati aspiranti d'amore.
La fase verbale del corteggiamento,

ancorché preceduta dallo Sguardo (v. sopra), inizia inevitabilmente con il consueto, anòdino rituale dei Saluti e della Presentazione (v. *infra* alle rispettive voci). Essa ha il suo equivalente simbolico nel cerimoniale cui son tenuti, prima di prendersi a spintoni, i lottatori di sumo: fredda cortesia, esibizione di muscoli e altre rotondità, finta indifferenza e reale diffidenza ("come andrà a finire?").
Non appena inizia l'incontro, è l'agile parola che tiene subito il campo.

Le parole dell'uomo

Il Gentiluomo Galante dovrà approntare un adeguato schema parolaio cui si atterrà scrupolosamente: lo scopo di questo difficile esercizio è provocare, lusingare e autoesaltare nello stesso tempo.

Il risultato dovrebbe essere che l'incauta femmina creda nell'ordine.

- Di essere specialissima per doti fisiche e morali (essendo consapevole dei suoi vari e sempre recriminati, allo specchio, difetti fisici, riterrà che quel Gentiluomo reso imbecille da Amore sia da non lasciarsi assolutamente scappare: "E quando mi ricapita uno che mi vede così...?").
- Di aver davanti a sé un pregevole esemplare di sesso maschile della razza umana (il Gentiluomo avrà cura di assumere un atletico portamento, ergendosi in tutta la sua anche non rilevante statura, ritirando indietro lo stomaco, tenendo la schiena diritta, senza mostrare lo sforzo cui si sottopone).
- Di poter giudicare – da quella finissima psicologa che è, educata nelle apposite rubriche della *presse des femmes* – di essersi imbattuta in persona di grande cultura, intelligenza e sensibilità.

Taluni ritengono che la fase verbale del corteggiamento sia più redditizia se realizzata con il totale silenzio. Il Gentiluomo Cortese educato a questa scuola non aprirà bocca e si atteggerà ad attentissimo ascoltatore: sono ammessi da tale tecnica soltanto cenni di ponderato assenso con il capo, flebili sospiri e l'intercalare "Capisco...".
La femmina, convinta di essersi imbattuta in un brillante conversatore, dovrebbe reagire pronunciando la frase: "Come mi piace parlare con te... Tu sì che mi comprendi...".
Questa tecnica del "parlar tacendo" è molto conveniente e rapida, perché consente il braccio sulla spalla, la carezza ai capelli, il bacio consolatorio sulla guancia... e il resto vien da sé, ché, tanto, la donna non se ne accorge perché troppo impegnata a raccontarsi.
È però una tecnica anche molto pericolosa: **relazioni iniziate con questo metodo, sono finite nel matrimonio**, con la conseguente perdita

definitiva del diritto di parola per l'uomo.

Ecco ora alcune frasi originali e garantite di cui farà uso il Corteggiante di belle maniere.

Fase A

"Non credevo d'incontrare una donna così bella, intelligente, affascinante, sexy."
"Lei ha il vestito più bello."
"Che profumo usa?"
"Come mi piace parlare con lei…"
"Lei mi fa tornare alla memoria quei versi… (segue quindi una dettagliata esposizione della propria cultura letteraria)."

Fase B

"Come fai ad avere la pelle così fresca e levigata?"
"Non dovresti andare in giro con quel seno, quelle gambe, quel sedere ecc."
"Mia moglie non mi comprende…"
"Andiamo a fare un giretto in auto?"

LE PAROLE DELLA DONNA

Fase A

"Sapesse da quanto tempo desideravo conoscerla!"
"Che uomo interessante è lei!"
"Io negli uomini apprezzo soprattutto l'intelligenza."
"Chi ha affermato che un uomo e

una donna non possono essere soltanto amici…?"
"Chi lo avrebbe mai detto che abbiamo tanti gusti in comune?"

Fase B

"Tua moglie è così bella… È perfetta! Vorrei essere come lei…"
"Possibile che non ti capisca?"
"Non mi guardare le gambe: ho le cosce grosse e me ne vergogno. Il petto, quello sì, lo ammetto…"
"Con me puoi confidarti: anch'io…"
"…! Questo lo considero soltanto un bacio fraterno…!"
"Non approfittare di me: quando ti son vicina mi tremano le gambe…"
"Da te non voglio regali; mi basta il tuo affetto."

Esaurite convenientemente queste prime fasi, il Galante Gentiluomo sfrutterà il vantaggio così acquisito e passerà senza esitazione all'incontro ravvicinato; la Dama Galante, invece, attenderà passiva, celando il sorriso sornione e masticando *chewing gum…*

TOCCARE

I Francesi, come sempre all'avanguardia nella specifica materia, precisarono il concetto elaborando una sintetica guida teorico-pratica:
«Les yeux dans les yeux – les mains dans les mains – la main sur la "chose" – le "chose" dans la main – le "chose" dans la "chose"».

Dello sguardo abbiamo già detto: aggiungiamo soltanto che questo specifico *Les yeux dans les yeux* si fa in genere a una distanza di circa 30 cm ed è sconsigliato ai sofferenti di blefariti, congiuntiviti e disturbi funzionali del fegato.
Ancora i Francesi, gente pratica e che mira all'essenziale, hanno escluso l'approccio verbale, ritenuto superfluo. In effetti, una volta stabilito il *feeling* palpatorio, una parola fuori posto può rompere l'incanto e la sequenza erotica, con danno di entrambe le parti; quindi meglio tacere e far parlare prima gli occhi, poi le mani, infine il resto.

La propensione per i c.d. "toccamenti lascivi" i Francesi l'hanno ereditata dai loro avi, prova ne sia che il monaco Roberto d'Arbrissel, nato intorno al 1047, ne fece pratica e ne dette imperituro insegnamento teorico.
Roberto fu il fondatore della celebre Abbazia di Fontevraud. Laureato in Teologia a Parigi, insegnò ad Angers e poi, disgustato dai costumi dell'epoca, si fece romito.
Convinto a tornare nel mondo, si rivelò un gran predicatore e fu ufficialmente investito di questa funzione dal Papa Urbano II.
Dopo qualche tempo, il Nostro decise di fondare un po' di monasteri femminili e li disseminò in tutta la Normandia e la Bretagna; a Rouen

convertì in un sol colpo tutte le meretrici di un bordello e le menò in convento.
Volendo imitare S. Antonio nelle tentazioni, si portava a letto tutte le monache giovani e belle, senza badare al numero; le accarezzava e si faceva accarezzare, le toccava e si faceva toccare, pur affermando di rimanere casto (però molte monache dopo nove mesi abbandonavano la clausura...). Le suore vecchie e brutte le sottoponeva a digiuni e rigide discipline, per cui le poverine morivano in breve lasso di tempo.
Goffredo, Abate e Vescovo di Vendôme, gli scrisse contestandogli i fatti e Roberto sembra si sia difeso citando S. Antonio e dichiarando di essersi sottoposto per penitenza al supplizio di Tantalo. Il Vescovo non si convinse e Roberto non fu mai beatificato.
Sembra che il canone francese che abbiamo riportato all'inizio di questo paragrafo sia l'emendamento di un antico insegnamento di Roberto d'Arbrissel.

Il Gentiluomo Galante usi dunque primieramente della mano – o di entrambe – per stabilire una sorta di dialogo con le analoghe appendici prensili della Gentildonna, e Questa abbandoni fiduciosa le sue alla stretta virile di quelle.
Nulla ostacoli il pieno sviluppo della fase manuale del corteggiamento: non si curi il Gentiluomo di quel lieve difetto che gli rende le palme sempre umide, e stringa, attiri, trattenga le mani dell'amata, ché, difficilmente, questa oserà dichiarare la sua repulsione.
Quanti, timorosi e insicuri, rinunciarono all'obbligata manovra per non rivelare l'essudante realtà, non conobbero l'amore e dovettero spesso esaurirsi in segrete pratiche di autoerotismo. Altri tentarono d'imporre l'uso costante di guanti, ma fallirono miseramente. Devono essere, alla bisogna, le mani intrecciate, semoventi, parlanti, agili nell'esplorare ciascun dito, nell'aderire palma a palma, nell'accarezzare audacemente la serica pelle dell'interno del polso seguendo la traccia sottile della vena azzurrina e sondando l'arteria, voce del cuore che batte più forte.

Quando le mani si saran detto tutto, si abbandonino, e si tenti senza altri convenevoli *la chose.*
È da villani e spregiatori indugiare con lievi carezze, porgere il labbro alla bocca di lei per sentire l'anima che esala, esitando, quasi a ponderare se valga la pena. La maschia virtù si riveli in tutta la possanza e ponga, come il cacciatore sulla preda appena uccisa, la sua zampa su tanto trofeo. Ma non consenta il Gentiluomo il reciproco, se non siasi provveduto di congruo posticcio, se ancora pende incerto quel che la donna

brama. Ove ciò non sia riuscito a impedire, sorrida la Dama Gentile, soppesi perplessa e quindi consoli il meschino.

In seguito, malgrado la frenesia d'amore che tutto travolge, mai si dimentichino le regole della Buona Educazione. **Spetta all'uomo ottenere il guiderdone del corteggiamento** e a quello punterà deciso, senza altre cerimonie, non cedendo alle lusinghe del cauto svestire, lungamente accarezzare, soavemente baciare e al gioco delle formali ripulse e del rituale insistere e indurre; manovre tutte che possono esser tenute per segni di debolezza, mancanza di desiderio, abdicazione al diritto del maschio.
"Rapidità ed efficienza" siano le parole d'ordine del virile Gentiluomo che la donna ammira nel segreto del suo cuore. **Il precoce soddisfacimento del maschio è prova d'irrefrenabile bramosia** suscitato dal corpo della donna amata; il prolungato, ansimante indugio è segno di scarso desiderio e non può che offendere Colei che, notoriamente, persegue soddisfazione romantica più che dei sensi.

Ma se le circostanze dettano altrimenti, ci si spogli pure, **purché si rispettino i precetti della scuola francese e mai non si tolgano i corti calzini**. Il Vero Signore non si leva, a letto, quei protettivi accessori. Come innumeri opere cinematografiche e letterarie hanno documentato, questo è un canone fondamentale

dell'amoreggiamento. Sembra che i Francesi abbiano imposto tale costume in memoria della loro gloria nazionale, il Re Enrico IV, cui bastava sfilarsi gli stivali per far svenire moglie e amanti (v. terzo capitolo). Altri sostengono che trattasi di costume proprio della francese *politesse*, in qualche modo legato alla mancanza in quel Paese del *bidet* che molti usano per il quotidiano lavaggio delle pedestri appendici.
In qualsiasi modo stiano le cose, mantenere i calzini a letto è pratica molto elegante che qualifica l'amante ben educato e gratifica intensamente la *partner.*

Questo particolare introduce **un complesso discorso sul fallimento di molti tentativi di mascolina seduzione**.
Accade di frequente che le migliori disposizioni della donna svaniscano di fronte alla *prise de pouvoir* di cui sopra, e si risolvano in sdegnose ripulse, schiaffeggiamenti e volgari insulti. Ciò avviene **quando ci s'imbatte nei due numi tutelari femminili: Virtù e Pudore.** Essi corrispondono, in genere, o al periodo mestruale, o al fatto che la prescelta, dopo una giornata in giro per lavoro o diporto, non si sente "in ordine". Molte felici avventure amorose non si sono realizzate per questo motivo e tante donne, nemiche dei lavacri, si son fatte fama imperitura di virtuose e pudibonde. Ciò è particolarmente evidente in Francia e nei Paesi anglosassoni, nei quali è ignoto il mitico *bidet.*
Quando, in filmato televisivo o cinematografico, una coppia dei pur disinibiti statunitensi giunge al culmine degli amorosi approcci e ogni spettatore si attende l'inevitabile copulazione o, se il film è "per tutti", lo schermo si oscuri in dissolvenza, c'è sempre uno dei protagonisti che sciogliendosi dall'abbraccio pronuncia la frase fatidica: "Vado a fare la doccia".
Per lungo tempo gli studiosi hanno congetturato che fosse costume sessuale di quel popolo raggiungere l'orgasmo mercé il getto della doccia, ma recenti ricerche indicano ormai senza ombra d'incertezza che si tratta di uno "stacco" obbligato, poiché la doccia è l'unico mezzo per procedere a quegli intimi lavacri cui da noi è deputato il *bidet.* Ma gli Americani sono, notoriamente, fanatici igienisti e non vanno seguiti in queste loro esagerazioni.
Qualunque pratica occulti al *partner* l'intima essenza di sé è da condannarsi. Si dice (ma non sono riuscito a trovar riscontro) che il giovane Napoleone, dai campi di battaglia padani, scrivesse alla sua novella sposa: "Giuseppina, sto arrivando… Non ti lavare!", con ciò dando una lezione di Buona Educazione Amorosa alla vedova Beauharnais e ai

posteri. Del resto, sebbene la Storia, stranamente, non gli abbia riconosciuto il titolo di Grande Amatore, Napoleone è un classico esempio della maschia "rapidità ed efficienza" della quale fece costante uso, perfino a Sant'Elena, prendendo le sue donne "fra due porte", come si suol dire. Il geniale Imperatore, in fondo, non fece che applicare alle amorose imprese il concetto strategico dello sfruttamento dell'*élan*, che sembra fosse singolare caratteristica dell'*Armée*, e nel quale confidavano gli esperti militari di Waterloo, di Sédan e della Campagna di Francia nel 1940.

Ma nessuno e nessuna, prima di mostrare il proprio "slancio", sottragga all'amante quanto ha di più intimo e gelosamente custodito, siano i sapidi, fermentati umori, sia il denso smegma di tre giorni.

L'uomo ben educato deve dimostrare tutta l'intensità del suo desiderio, convulso e irrefrenabile, compiendo l'amoroso, trionfante dovere nel minor tempo possibile, ché, ove troppo si dilunghi, offende la donna che non si sente abbastanza bramata. Quando tutto è compiuto, le volga le spalle e si accenda una sigaretta, se fumatore.

È chiarissimo che il Poeta ironizzava, quando cantava: «*Quod juvet, ex aequo femina virque ferant. // Odi concubitus qui non utrumque resolvunt…*».

La Dama di buone maniere finga sempre gran godimento e simuli preventivamente, con appositi unguenti, l'abbondante sgorgare dell'amorosa sorgente e non trascuri, quando tutto è consumato, di mostrare il suo amore: "Quanto sei caro! La prossima volta andrà meglio…". Molto eleganti e apprezzate le seguenti chiose: "Non è la lunghezza (o la grossezza) che conta… Ti voglio bene lo stesso…", "Non ti preoccupare… Capita a tutti, prima o poi…", " Ti credevo più dotato, ma non importa… Ti amo ugualmente…" ecc.

Tali norme di comportamento femminile sono anche vivamente consigliate dagli andrologi e consulenti matrimoniali, che se quelle non fossero osservate, rischierebbero di restare senza lavoro.

Bon ton coniugale

La forzata intimità che s'instaura con il matrimonio o altra forma di convivenza ha regole proprie di comportamento a lungo studiate e codificate dai sapienti nei secoli passati.

Le scuole di pensiero che ne sono nate si riducono a due: quella che definisce il matrimonio come "Uno scambio di cattivi umori durante il giorno e cattivi odori durante la notte" (concetto più aulicamente espresso nella massima: "Matrimonio, tomba dell'Amore"), e quella che, radicalmente, esclude il rapporto matrimoniale dalla teoria delle Amorose Relazioni (scuola sostenuta dai teologi cattolici, per i quali il rapporto sessuale matrimoniale è finalizzato a fabbricare marmocchi e basta).

Già nell'antichità il *coniugio* era stato regolato in maniera definitiva: «*Lite fugent nuptaeque viros nuptasque mariti, / inque vicem credant res sibi semper agi / … dos est uxoria lites*».

Una sporadica minoranza, basandosi sulla scorretta interpretazione di quell'altro passaggio: «*Non legis iussu lectum venisti in unum; / fungitur in vobis munere legis amor*», è convinta che il Matrimonio viva di vita propria (e non per legge) e si realizzi per la pienezza dell'Amore ("di due, uno"), il quale Amore, secondo loro, non avrebbe età (anzi: «*haec bona… / quae cito post septem lustra venire solent*») e non si esaurirebbe nella carnale congiunzione.

Vivrebbe, questo presunto "Amore", mercé una particolare, collaudata simpatia, un identico sentire e volere, un continuo confronto/scontro atto a forgiare sempre di più un nucleo profondo di amorosi sensi che neppure incomprensioni, sgarbi, sporadici tradimenti possono scalfire e che rinnova in ogni età il desiderio. In quell'Età di Mezzo, mal giudicata misogina, si riteneva (addirittura!) che:

La femina fa l'uom viver contento;
gli uomini sanza loro niente sanno;
trista la casa dove non ne stanno,
però che sanza lor vi si fa stento.

Trattasi d'irrazionali, indimostrate presunzioni che non reggono al vaglio della moderna critica.

Il Marito di buone maniere deve essere consapevole, in ogni caso, che alla perpetua convivenza non si applicano, sempre che non voglia rendersi ridicolo di fronte ai colleghi d'ufficio, le regole del corteggiamento. Quindi:

• non compia l'errore di assumere atteggiamenti banali e persino offensivi, quali portare inopinatamente un mazzetto di fiori di campo alla moglie, regalarle provocanti vestiti e (persino!) scelti e invitanti capi di "intimo";

• non si attardi in convenevoli, ma assolva rapidamente, almeno il sabato, il debito coniugale, sempre che non intenda risparmiare le forze per il domenicale *footing* mattutino;

• non si abbandoni all'ipocrita pratica di complimentare la moglie per le ben conosciute grazie, e anzi a quelle frequentemente si riferisca come di cosa "che fu";

• non manchi, guatando una giovanile bellezza, di rammentare alla moglie che la minestra mangiata tutti i giorni viene a nausea... (anche se, in realtà, quella minestra lui la mangiucchia soltanto alle feste comandate e non sospetta quanto la sua degustazione piacerebbe ad amici e colleghi!);

• eviti, dopo lo sporadico amplesso, di tenerla sveglia con quelle tenerezze che impediscono il giusto riposo;

• non faccia forza alla sua natura imponendosi lunghi e affaticanti lavacri prima di coricarsi ché, tanto, la moglie, tutto comprende e sopporta;

• lasci sulle sue gote il segno dell'ispida barba e non solleciti con raffinate manovre le di lei naturali voglie, giacché la sposa, come la madre, ha da esser castissima;

• eviti il pagamento del debito coniugale fingendo straordinario interesse culturale per l'ultima puntata di *Quark* che finisce a mezzanotte, o si attardi a leggere ponderosi tomi, sì da trovare la moglie addormentata e poter dire: "Ma dormi sempre, tu!", dandole la colpevole illusione che lui l'avrebbe desiderata, ma poiché dormiva...

La Moglie, dal suo canto, profitti del sacro, quasi perpetuo vincolo matrimoniale, per abbandonare gli inutili orpelli, le civetterie, i delicati profumi, la curata biancheria, il dolce sorriso e lo sguardo con cui un tempo ammaliò gli uomini. Si mostri «... *descalza, centa e despraaciata / e cum le treze avolupate al viso*».

Goda dei cibi e compensi la coniugale delusione volgendo ai golosi dolciumi i morenti desideri; assuma le forme che si addicono alla matrona e faccia dimenticare l'efebico corpo con cui sedusse.

Affronti il serale letto discinta, scapigliata, unta, e si trascini al risveglio ciabattando assonnata e grattandosi l'incolta chioma.

Quando corre l'ora del saltuario obbligo, si presti annoiata, ma docile, e rifugga dai giochi invitanti che si addicono a peccaminosi amanti, mai all'austera consuetudine matrimoniale.

Sia vigile e curi che il marito nulla faccia e nulla dica se non secondo il suo giudizio, lo tenga a vile, lo spii e lo faccia spiare da compiacenti amiche e finga gelosia.

Aborra i troppo frequenti lavacri, convinca se stessa che il fatale climaterio è nemico d'Amore e che è tempo di raccogliere i capelli in crocchia e indossare vesti canoniche.

Sia mentore a lui, benignamente ricordando com'era e mostrandogli come oggi tristemente pende la virile appendice, ché da ciò trarrà gran vantaggio d'amorose effusioni.

Nessuno dei due risparmi all'altro i naturali rumori ed effluvi del corpo, ché marito e moglie sono una sola persona e nessuno può nascondere alcunché a se stesso.

Quanto al resto, parlando con l'amica tanto comprensiva, o con il paterno "Amico di Famiglia", ciascuno tenga a vile il consorte, mostri tutta l'incompresa sensibilità e commiseri, sospirando, se stesso (con questa tecnica fiorirono molte, deliziose avventure extraconiugali).

APPENDICE AL CAPITOLO PRECEDENTE

GLI AFRODISIACI

Ritengo utile aggiungere allo scherzoso capitoletto appena concluso una nota "seria" a proposito dei c.d. "afrodisiaci".

Sono essi costituiti da sostanze farmaceutiche o naturali. **Quelle farmaceutiche giovano soprattutto, e incredibilmente, agli azionisti delle case produttrici di medicinali**: è provato che quando la stampa dà notizia – sempre con gran rilievo – della scoperta di un nuovo farmaco afrodisiaco, quegli azionisti hanno ripetute, spontanee, lunghissime erezioni.

Quanto agli effetti sugli utenti, non sono in grado di segnalarli (conosco soltanto le notizie date dai giornali sulle "morti in motel" causate dal più recente vasodilatatore chimico posto in commercio che, peraltro, sembra non essere molto apprezzato in Italia). Non posso, quindi, dar consigli in merito, ma ammiro e rispetto quelli che trafiggono coraggiosamente il proprio pene per iniettarvi congrue dosi d'irrigidente papaverina ("Dove vai caro?" "Vado in bagno a lavarmi..." Pausa e stoico silenzio, mentre l'ago ipodermico punge e penetra. "Ancora qualche minuto, cara, e sono da te...").

Le sostanze naturali consistono in:
- prodotti vegetali;
- alimenti;
- bevande.

I prodotti vegetali sono, in genere, distillati da furbi Indios della foresta amazzonica, garantiti dal sapiente erborista e cantati nel *corpus* delle leggende metropolitane.

Gli alimenti afrodisiaci sono il tartufo, i crostacei, le ostriche, il formaggio pecorino e molti altri che entrano ed escono dall'elenco, secondo la moda del momento.

Gioacchino Murat, per esempio, mangiava in continuazione mazzetti di cipolline, convinto di dovere a quelle le frequenti erezioni; nessun medico gli aveva spiegato che, invece, erano l'effetto di un'incipiente infiammazione della prostata troppo a lungo costretta a schiacciarsi sulla sella del cavallo.

Alcuni prediligono l'aglio (che in ogni caso tiene lontani i vampiri e protegge le arterie), altri sono convinti che il vecchio zabaione (una bomba calorica micidiale per le arteriole che portano il sangue ai corpi cavernosi del pene) sia il rimedio sovrano; altri ancora si aggirano per le campagne sperando di scovare un orrendo insetto, la cantaride, catturarlo, farlo seccare e quindi ingurgitarlo per provocarsi una schietta nefrite che, in un primo momento, ha anche il sospirato effetto (in Oriente è la polvere del corno di rinoceronte che tiene banco).

Degli alimenti veri e propri, lasciando da parte mirabolanti racconti mai confermati da testimonianze femminili, mi piace raccomandare i crostacei, non foss'altro perché hanno dalla loro l'antichissimo mito egizio che narra come Osiride fu fatto a brandelli da gelosi germani che ne dispersero i pezzi per terra e per mare. La sposa-sorella, Iside, peregrinò per il mondo raccogliendo le singole parti e rimettendo insieme il consorte-fratello, ma non riuscì a ritrovarne il pene e finì per fargliene uno, enorme, di ben scolpito legno. Il membro divino originale era stato divorato da gamberi, granchi, astici e aragoste che, per questo motivo, da allora, furono ritenuti di gran giovamento per l'uomo alla vigilia della prova amorosa.

Per la verità, il pregevole cibo marino è più adatto alle donne perché contiene sostanze atte a rigenerare la mucosa e le proprietà lubrificanti della vagina, ma, per qualche strana ragione, gli afrodisiaci sono visti sempre e soltanto in funzione maschile.

Le bevande afrodisiache sono i liquori e il vino, in particolare lo *Champagne*. Nulla come una bottiglia di *Champagne* a conclusione di un'intima cenetta predispone e obbliga la donna concupita, e conduce gli amanti al predisposto giaciglio. Nella giusta quantità lo *Champagne*, frizzante caffeina, risveglia l'allegrezza del cuore e scaccia il sonno, ispirando esperti giochi d'amore, anche se non può dar novella vita a ciò che fu.

Quanto al vino in genere, ho dei dubbi, poiché, se è molto utile per convincere una donna reticente, basta passare di poco la misura perché abbia un effetto del tutto contrario a quello desiderato.

I liquori (in particolare il *cognac*), in modesta quantità, sono dei buoni e rapidi vasodilatatori, ma non bisogna attendersi risultati sconvolgenti. Piuttosto si provi questo: «*Candidus Alcathoi qui mittitur urbe pelasga / bulbus et, ex horto, quae venit, herba salax / ovaque sumantur; sumantur Hymettia mella, / quasque tulit folio pinus acuta nuces*». Oppure ci si attenga alla ricetta di Montezuma che, per ottenere un risultato adeguato al numero delle mogli, beveva ogni giorno circa quaranta tazze di cioccolata aromatizzata alla vaniglia.

I migliori afrodisiaci restano, sia per l'uomo che per la donna, una buona disposizione d'animo, la naturale attrazione per il partner, l'allenamento costante e l'uso accorto di affettuose, istintive, pazienti tecniche di seduzione.

Per i coniugi è consigliato dimenticare il matrimonio e saper essere ogni volta quei sapienti, smaliziati amanti che la lunga consuetudine ha plasmato, e sulla quale è come un pizzico di pepe farla in barba a figli e nipoti.

APPENDICE: DELLE BUONE MANIERE DA USARE CON SE STESSI

L'essere umano, quando nasce, è privo di qualunque istinto di Buona Educazione. **La prima persona che conosce è se stesso e, in genere, non ne è favorevolmente impressionato**. Il neonato tratta il suo corpo nel modo che quasi tutti sanno: si graffia, si contorce, si tira i capelli; offende il proprio udito con urla prolungate, si provoca congiuntiviti a catena, tenta di soffocarsi mettendosi in bocca l'intera mano, si tormenta in ogni modo.
Rapidamente realizza che c'è un'altra persona, la madre, che lui può martirizzare, rendere insonne, prosciugare suggendo avidamente dalle mammelle al solo fine di vomitarle addosso quella linfa vitale, graffiare e rendere isterica dopo una settimana di convivenza; fa perciò armistizio con se stesso e si limita a costringersi a convivere con ripetute feci, rigurgiti e convulsioni varie.

È compito dei genitori educare il bambino a essere cortese e corretto con se stesso. Purtroppo quest'essenziale istruzione è del tutto trascurata in favore dell'apprendimento di regole comportamentali nei confronti degli altri. Gian Giacomo Rousseau, peraltro, sosteneva che la buon'educazione è innata e che il bambino, se allevato in profonde foreste popolate da belve, qualora fosse sopravvissuto, ne avrebbe saputo una più del diavolo.
La discussione è ancora aperta, benché i vari metodi educativi rischino di venir frustrati dall'istituzione del Telefono Azzurro.
In genere, il difetto di buone maniere verso il proprio Io produce persone che non si sopportano, che si odiano, che si commiserano o si disprezzano e, di conseguenza, genera schizofrenia, depressione, invidia, autolesionismo e altre sindromi care a cupidi psichiatri e psicoterapeuti.
La persona equilibrata (qualunque cosa s'intenda con tale termine), è consapevole del problema e, in qualsiasi modo si giudichi, è tenuta ad acquisire almeno i fondamenti del *bon ton* autarchico.
Rispettare e trattare convenientemente se stessi significa tenere modi gentili a prescindere dal fatto che nessuno ci osserva. La gentilezza dei modi si applica in primo luogo alla persona fisica, in secondo a quella morale.

La materialità fisica è generalmente oggetto di studio minuzioso in riferimento alla percezione che della stessa hanno gli altri e, quindi, viene per lo più curata, pulita, tenuta in forma, vestita, abbigliata perché gli altri ne abbiano un'immagine almeno accettabile. **L'esigenza di apparire induce a trascurare e a negligere le cure della persona fisica** che sono fini a se stesse e attengono al rapporto che abbiamo con il nostro corpo. La materia di cui siamo fatti, come tutta la materia, tende verso un massimo d'entropia e, perciò, a lasciarsi andare, a trascurarsi, a spendere la minima energia compatibile con la mera sopravvivenza; senza indulgere a lavacri frequentemente inutili, faticose ginnastiche, ornamenti di cui godremmo solo noi stessi.

Il motivo per il quale dovremmo occuparci delle nostre membra quando nessuno le vede non è mai stato identificato. I teorici e i sofistici che privilegiano la cura di se stessi – non avendo di meglio – la giustificano con il vuoto concetto di "amor proprio".

Taluni – meschini e finiti male – ebbero tanto amor proprio da rischiare la pubblica esecrazione pur di non rinunciare al rispetto di se stessi.

Mi sovviene di quella principessa bizantina, Maria Argiropula, andata sposa a Giovanni Orseolo intorno all'anno Mille, che, pur conoscendo i barbari costumi dei Veneziani, nel segreto delle sue stanze non rinunciava al bagno quotidiano nella vasca che s'era portata da Costantinopoli. Dopo la sua morte, avvenuta a causa della peste nel 1008, il famoso Pier Damiani si compiacque di edificare il popolo dei credenti raccontando come il morbo fosse stato la punizione divina perché la giovane si lavava troppo (addirittura raccoglieva l'acqua piovana, ritenendo – la schizzinosa! – che quella dei canali fosse un po' sporca). Inoltre la peccatrice mangiava con una forchetta d'oro a due rebbi, invece di usare le mani come facevano tutti, e contrastava i miasmi della laguna

bruciando incenso nelle sue stanze! Questa fu la cagione per la quale Dio la punì mandandole esemplarmente il corpo in putrefazione, fin quando finalmente morì, con gran sollievo di quelli che l'assistevano. E tutto avvenne perché una povera principessa dell'agonizzante Impero d'Oriente, che a Venezia non ci voleva proprio andare, riteneva doveroso rispettare il proprio corpo come le avevano insegnato.
Pier Damiani fu fatto santo e posto da Dante Alighieri in Paradiso.

Per la verità c'era stato anche il precedente della sposa di Ottone III Imperatore, Teofane, della quale si riteneva comunemente che ardesse all'inferno per espiare tutti i bagni che aveva fatto in vita.
Gli schietti abitatori d'Occidente – che i Bizantini chiamavano genericamente Franchi – si sentivano giustamente offesi da quegli ipocriti preziosismi e chiesero finalmente ragione dell'oltraggio nel 1204, quando presero Costantinopoli e si dedicarono a distruggere tutti i bagni pubblici, le meravigliose ville suburbane e le statue sopravvissute dell'Ellade.
I Bizantini non capirono le ragioni di quel giusto risentimento, né l'importanza della storica promozione dei "costumi occidentali", e conclusero tristemente che i Franchi erano "odiatori d'ogni cosa bella".

Meno conosciuto il caso della bella Ipazia, gentildonna, filosofa neoplatonica e professoressa in Alessandria. Lei, sempre sorridente, tollerante, castissima e d'intemerati costumi anche nella più stretta intimità, dimostrava con il suo esempio che si poteva essere pagani e tuttavia irreprensibili. Ma la cosa non andava giù ai cristiani alessandrini e al loro vescovo, perché smentiva quel che essi predicavano, vale a dire che solo chi si convertiva al cristianesimo era virtuoso, mentre i pagani erano una sentina di vizi.
Un bel giorno, persa la pazienza, gli Alessandrini assaltarono coraggiosamente Ipazia che, in lettiga, stava andando a tenere lezione, la spogliarono, la trascinarono nella loro cattedrale e la fecero a minutissimi pezzi sotto l'occhio benevolo del loro vescovo. Poiché il Neoplatonismo non era una religione, Ipazia non poté essere dichiarata né santa né martire, ma la ricordano questi versi d'autore ignoto:

Il Pantocratore immobile
Dalla volta ammusaicata
Del Duomo Alessandrino
Vedeva fra gli incensi,
L'Eucarestia palpitante
E i Cristiani in Comunione di sangue.
Bianche le carni, virtuosa e bella,
La folla la strazia.
Ed è consacrata nel Duomo
Alessandrino,
La Vergine Ipazia.

La fine che hanno fatto i personaggi esemplari di cui abbiamo raccontato è il più efficace dei commenti: nessuno quindi si metta in testa di imitarli.

Quanto al rapporto che dobbiamo avere con la nostra personalità morale (intendo con quel che sentiamo, pensiamo, desideriamo, sogniamo), i soliti sofisti ritengono che dovremmo usare la Ragione per limarne gli angoli, illuminarne le regioni oscure, educarne gli istintivi impulsi, quasi che l'uomo sia perfettibile (e a giudizio di chi?) e debba far violenza a se stesso.

In realtà, **il primo dovere verso noi stessi è la lealtà**. Nulla deve essere fatto per autoinganno, ma tutto per assecondare la nostra natura: il fatto che fra noi e noi non c'è nessuno che possa sapere e criticare, ci rende signori in modo inusitato del nostro libero arbitrio. Quindi non useremo a noi stessi quelle gentilezze e quelle formalità ipocrite cui siamo tenuti con gli altri e realizzeremo ogni nostro istinto senza umiliarci e costringerci nella rete di regole che sono come il bianco che si dà alle verminose sepolture. Non armeremo la Ragione contro quel che siamo, ma la useremo saggiamente per mostrarci agli altri come questi vorrebbero che noi fossimo.

La Persona Gentile, quando si sveglia al mattino, se è sola con se stessa, faccia liberamente «del cul trombetta», si trascini in bagno come uno zombi e ignori la doccia, non si cambi la biancheria e copra i notturni odori con profumi e deodoranti.

In ascensore, erutti liberamente l'aria ingurgitata con la sommaria colazione.

In ufficio, chiuda la porta, si sbrachi sulla poltrona, appoggi i piedi sul tavolo e si gratti la debordante epa.

Quando sospende il lavoro per esigenze idrauliche, frughi con ambo le mani e solleciti il mal pingue ventre e la sovente inutile appendice e, quando questa ripone, si accarezzi il volto specchiandosi, e ignori l'infido rubinetto e il lavacro dell'acqua.

Se pranza da solo, si slacci la cintura, strappi via la cravatta, chini l'ingorda bocca sul piatto e si aiuti con le mani; beva dal collo della bottiglia, usi le unghie per rimuovere il cibo dai denti, esplori e netti le cavità nasali, morda e strappi la carne a bocconi e non si curi di approntare nitido apparecchio alla tavola.

Indi, ristorato e rinfrancato, si avvii al pomeridiano riposo e poggi sulla preziosa coperta la scarpa polverosa che al risveglio troverà ben lucida.

Siano quindi nèttare alla mente oscene riviste tratte da ignorato ripostiglio e, accingendosi a uscire, guardi il colletto della camicia e l'ombra che lo segna e la stessa non cambi, confidando nell'imminente crepuscolo.

Quando, nel passeggiare, ripensa ai fatti dell'ufficio, qualifichi opportunamente i colleghi con gli epiteti "stronzo, cornuto, finocchio, testa di cazzo ecc." e dica della bella segretaria che gli si fa casualmente incontro "... ecco qui questa puttana... quasi, quasi...".
Se resta solo, percorra lentamente i viali e le strade, si rilassi compiutamente, abbassi le spalle, pieghi la schiena, trascini i piedi, tanto nessuno lo conosce.
La sera, l'accogliente magione gli ispiri il rapido allettarsi, senza tediosi lavaggi, cui seguirà l'oppiaceo televisivo che concilia il sonno; indi si accinga a russare, evitando il rischio di pensare.
Lasci ai miseri e poveri di spirito ogni superflua cura del corpo e compatisca quanti, per esempio, godono di troppo assidue abluzioni e usano indossare intimi indumenti freschi di bucato, e di gran pregio e prezzo sebbene, di regola, nessuno li veda mai. Sono costoro volgari edonisti, narcisisti e, anche, tendenzialmente onanisti che, in ogni caso, le segrete cure del corpo indurranno progressivamente a un'analoga manipolazione della propria personalità, facendo violenza alla naturale disposizione e costringendoli a comportamenti non istintivi, ma corrispondenti a modelli teorici.

L'essere sempre sinceri e uguali a se stessi, secondo natura, è condizione che rasenta la perfezione. Non a caso nelle vite dei Santi si rinvengono spesso, come segni di grazia, il rifiuto del decoro della persona,

l'abbandono d'ogni personale igiene, i comportamenti più strambi.
Commiserevoli frutti di perverse pratiche educative sembrano quelle persone che nemmeno quando sono sole riescono a rompere la crosta che hanno addosso; ancora più riprovevoli quanti, senza giustificazione alcuna, si sforzano, nei pensieri e nei

comportamenti privatissimi, di reprimere i naturali impulsi costringendosi a decoro e gentilezza interiori.

Si prenda esempio, senza aver la presunzione d'essere poi assunti agli altari, dai Santi di quella che dicono essere la religione della maggioranza del popolo italiano. Sebbene Gesù di Nazareth, che sembra l'abbia fondata, fosse un distinto e colto professionista, forse un geometra o l'equivalente del tempo, che incedeva elegantemente vestito con invidiate tuniche, aveva cura della propria persona, non disprezzava le buone cene e il vino, e sopportava come un male necessario le sofferenze fisiche e morali, cercando, quando poteva, di alleviare quelle altrui, i suoi seguaci più schietti lo cercarono – dichiarando di volerlo imitare (*sequela Christi*) – perseguendo l'umiliazione del corpo e procurandosi inutili sofferenze.
Alcuni eretici sostengono che Gesù abbia predicato l'Amore e la Gioia di Vivere, ma è chiaro invece che la Verità da Lui rivelata è conosciuta solo da quelli che riescono a fare della propria vita fisica un campionario delle pene infernali.
Ne nacquero curiosi atteggiamenti che, non essendo ancora nati il Marchese de Sade, né il signor Masoch, non poterono essere catalogati scientificamente e furono assunti fra le manifestazioni della santità in vita. La ragione è che quei santi uomini e quelle sante donne sapevano che "Tutti abbiamo abbastanza forza per sopportare i mali altrui" e, quindi, bisognava far tormento a se stessi per affrontare mali veramente insopportabili e ottenerne gran merito.

Si ritenne nel Medio Evo, per esempio, che le lacrime fossero una prova della predisposizione alla santità (*gratia lacrimarum*); ma non tutti avevano le lacrime facili, magari per ragioni organiche. La Beata Umiliana de' Cerchi, cui le lacrime proprio non venivano, prese l'abitudine di spruzzarsi sugli occhi gocce di calce viva e quindi mostrarsi in pubblico abbondantemente quanto miracolosamente piangente.
Alcuni usavano indossare cilici d'ingegnosa fattura, frustarsi a sangue pubblicamente, procurarsi piaghe che, con grande studio, mantenevano aperte. Altri, più prudentemente, dicevano di portare dentro di sé piaghe di vario tipo: Dorotea di Montau era una di questi e, quando morì, le consorelle si precipitarono a squartarla per verificare, dichiarando poi di aver trovato una croce impressa nel cuore, e ancora, la corona di spine e perfino la colonna della flagellazione.

Il Gentiluomo che non aspiri alla Santità dovrà limitarsi, quanto alla condotta nei confronti del proprio corpo, ai quotidiani comportamenti che abbiamo sopra indicato. Riguardo al pensare e al sentire, Egli si atterrà sempre a quell'insegnamento: "La parola è stata data all'uomo per nascondere il pensiero"; di conseguenza, quando richiesto di esporre la propria opinione, non si azzarderà mai a pronunciare espressioni che svelino il suo sentire, ma farà in modo che ciò che pensa e lo commuove sia sempre il contrario di quello che dice, mirato a esaltare se stesso oppure a offendere o compiacere altrui, secondo le circostanze. È questo un mezzo per proteggere la più intima privatezza e tenere distinto l'essere proprio dall'immagine che si mostra ad altri.

Non ostenti, ma **coltivi dentro di sé i naturalissimi sentimenti dell'invidia, del rancore, della gelosia, dell'odio, della presunzione di sé**, del disprezzo per gli altri, dello smodato desiderare, dell'intolleranza.

Non si acquieti nei troppo facili atteggiamenti di lealtà, misura, comprensione, modestia e spontanea gioia per l'altrui felicità. Sono, queste, condotte di superate filosofie che uccidono quanto c'è di vario, contraddittorio, problematico, incoerente nell'animo umano. Chi segue il nostro consiglio, segue la Natura, rafforza il carattere ed esalta eroicamente il suo vero essere.

Certamente, la contraddizione fra l'apparire e l'essere è fonte di conflitti e di stress che segnano i nostri tempi.

Una volta, la frequente confessione permetteva di risolvere momentaneamente il conflitto senza bisogno di tranquillanti e sedativi. Oggi soccorrono schiere agguerrite di psicologi, psicoterapeuti e, infine, psichiatri. La vita sociale ne ha gran vantaggio, perché infinito è il numero delle persone che lavorano e guadagnano in questo modo. Ne consegue che l'ipocrita Gentiluomo può sentirsi non solo utente, ma anche motore e promotore di un essenziale fenomeno lavorativo e finanziario della società.

Alcuni sovversivi ritengono che la persona dabbene dovrà comportarsi con se stessa in modo del tutto contrario, osando citare quell'umile Segretario Fiorentino che la sera, tornando dall'*hostaria*, invece di abbandonarsi ai naturalissimi beceri pensieri e sbracarsi su qualche osceno giaciglio con una coscia di pollo in mano, si costringeva a elevati studi e ardue letture, gabellandole per cibo *solum* suo, e abbigliandosi all'uopo "con vesti curuli", sebbene nessuno lo vedesse. Tacciono che costui rimase negletto, disprezzato, deriso e senza impiego. Opinano costoro, mal sopravvissuti al crollo del Muro di Berlino, che si debbano sopprimere i naturali sentimenti malvagi, o per lo meno tentarlo, o, in dannata ipotesi, rimproverarsi per averli nutriti. Suggeriscono singolari espedienti degni dei peggiori sofisti, insegnando che, se è sciocco, supponente e spesso offensivo dire sempre quel che si pensa, a meno che non ne siamo esplicitamente richiesti, e se è difficile e talvolta dannoso dire la Verità, è molto facile tacere, non mentire e non ingannare mai nessuno.

Consigliano anche perverse e antisociali autocensure, condannando quanti, per esempio, dopo aver lusingato un tale, si precipitano a dirne male e a disprezzarlo con altri. Predicano la lealtà e la coerenza nei princìpi e, nello stesso tempo e contraddittoriamente, l'obbligo di ascoltare le opinioni altrui ed esser pronti a cambiare la propria. Assumono che chi si conduce secondo cuore e ragione, e non transige mai con la propria coscienza, rifiutando di mettere in vendita l'anima, per quanto alto sia il prezzo, costui, forse, non farà carriera, ma sarà sempre in pace con se stesso e non farà conoscenza con gli avidi psicoanalisti (uno di questi sobillatori, un filosofo che era uso ubriacarsi tutte le sere, credette di giustificarsi con la seguente, delirante massima: «La legge morale dentro di me, il cielo stellato sopra di me...» che è oggi il suo epitaffio).

Essi dichiarano altresì che gli altri vanno aiutati, anche se ammettono che ogni gratuito beneficio genera ingratitudine e odio. Assicurano che **essere se stessi è la cosa migliore**, perché "Nessuno è ridicolo per le qualità che ha, ma per quelle che ostenta", chiosando che, siccome nessuno è perfetto, nessuno è risibile, nemmeno a cagione delle qualità che gli mancano, ma soltanto per i difetti che non corregge.

È chiaro che questa perversa, quasi diabolica dottrina tende, per oscuri motivi, a sopprimere la naturale dialettica dell'animo umano, («perenne stato di conflitto» come insegnava Eraclito «fonte di ogni progresso anche spirituale») e, nel concreto, a distruggere quel tanto di buon'educazione che fa di ognuno di noi un pari di quell'Imperatore e gran Gentiluomo de' tempi andati, di cui fu scritto che era *simulator ac dissimulator*. Tanto basti al sagace Lettore.

Giunti al termine di cotanto lavoro – rivolto ai giovani, che sono facilmente traviabili, mentre esso risulterà superfluo per i maturi all'anagrafe i quali, per il vero, e salvo poche riprovevoli eccezioni, già applicano istintivamente gli esposti principi – ci auguriamo che queste ultime pagine suggellino gli aurei insegnamenti nostri e siano viatico alla nuova feconda Età che già si è palesata come "Il Secolo delle Buone Maniere".

NOTE

1) Geniale neologismo coniato dall'Autore con il verbo "bagolare" (ciarlare, chiacchierare ecc.) e il sostantivo "lardo" (pannicolo adiposo del maiale, ricco di proteine e grassi, bramato per millenni dalle plebi affamate).

2) Forse una sola volta contraddisse se stesso dettando un'epigrafe per il monumento del Tasso in quel di Pisa.

3) Il Duca di Richelieu, ormai vecchio, per mantener la fama di grande amatore mandava a sera la carrozza con le sue armi davanti al palazzo di questa o quella dama, confidando di far credere che aveva passato la notte nel loro talamo, mentre in realtà si curava i reumatismi nella sua dimora.

4) Antica usanza per cui davanti a potenti e sovrani orientali, nonché alla corte bizantina, era d'obbligo per l'Inferiore prosternarsi a terra davanti al Superiore.

5) L'uso del "posticcio" a forma di pene sopravvive ai giorni nostri applicato non più al pantalone, ma alle mutande (v. cataloghi di "intimo per uomo" nelle vendite per corrispondenza e nelle vetrine dei sexy shop).

6) Il reggiseno fu inventato nel 1889 dalla geniale Herminie Lavalle che lo presentò all'Esposizione Universale di Parigi con la denominazione di *Corselet-gorge*. Nato per salvare le donne dal micidiale corsetto che aveva reso tisiche generazioni di dame, fu, tuttavia, a furor di femminile popolo, subito interpretato indispensabile "pompa all'insù". Prevalentemente con tale funzione è tuttora in uso: tipo il moderno Wonderbra.

7) Semplice, no? Non farò al lettore l'affronto di dare l'ovvia soluzione.

RINGRAZIAMENTI:

A Filippo Crea, illustre giornalista e fotografo,
che mi ha dato la prima idea;
a Paola, che ha corretto le citazioni latine;
a Loreta, che ha revisionato il testo.

Finito di stampare nel mese di ottobre 2000
dalle Grafiche BUSTI S.r.l.
Colognola ai Colli (Verona)